新しい経営学 ❶

個人の自立と成長のための
経営学入門

キャリア戦略を考える

齊藤毅憲・渡辺 峻 編著

文眞堂

生きるために学び、学ぶために生きよ

　本書は、これまでの既成概念にはない、「新しい経営学」のテキストである。まず、どのような意味で「新しい」のかを述べておきたい。
　これまでの経営学のテキストの多くは、たとえば、古典的学説から説明しようとするもの、あるいは企業経営の原理・原則の学習から始まるもの、さらに企業経営の具体的な現象から本質的な認識に導くものなど、さまざまであった。いずれも貴重なテキストであり、学ぶべき内容ばかりである。これらの経営学が提示する知識・情報は、当然のことながら、その前提として、経営者の立場から企業経営を記述していた。もともと「経営学」とは、そのようなものとして進歩・発展してきた。

　しかし、経営学部・商学部などのビジネス系学部に所属する学生たちの多くは、かりに企業に就職したとしても、必ずしも全員が経営者になるわけではない。おそらく、大多数の人は従業員としてキャリアを終えるであろう。とすれば、それらの人びとにとって、企業とは労働力を提供して給与・賃金をもらう対象であり、さらに企業の製造する製品のユーザー（消費者）という生活者として向かい合っている。つまり、それらの人びとにとって企業は、必ずしも経営を行う対象ではないし、投資の対象でもない。
　このように従業員・消費者という生活者の立場で企業に向かい合っている人びとにとっては、既存の経営学が提示する情報は、「なんとなくしっくりこない」と思うのも自然であろう。したがって、このように「しっくりこない」学生諸君にとっては、講義を聴いても、「経営学にあまり興味がもてない」のも当然といえるかもしれない。

　本書は、これまでの経営学テキストと根本的に内容が異なり、主に生活者の立場から企業経営のあり方を考察した「新しい経営学」である。おそらく学界からは「そんな内容は経営学ではない」という批判が起こるであろうが、冷静に受け止めたい。もしも本書が「経営学に興味がもてない」学生たちに受容されて、従業員・消費者という生活者の立場からの企業経営の学習が深まり、読者自身の自立や自律および成長を支援することができるのであれば、書物のネーミングにはこだわらない、というのが編者のスタンスである。

　本書は、読者の学生諸君が21世紀の企業社会で働き・生きていくことを支援するための、個人にシフトした「生きるための学問（生き学・イキガク）としての経営学」である。本書を読んで、読者が企業社会を生き抜く自信や働く自信がついたとすれば、これ以上の喜びはない。その意味で本書は、経営学の立場からのキャリア開発・キャリアデザイ

ンに関するテキストでもあり、また人的資源管理論（ヒューマン・リソース・マネジメント）、人的資源支援論（ヒューマン・リソース・サポート）のためのものである。さらに、「新しい一般教養としての経営学」という立場でもある。それゆえに、本書はビジネス系学部の学生諸君だけでなく、すべての学部学科の学生諸君にも学習してほしいと考えている。

　以上のような内容であるがゆえに、本書においては「自立」や「自律」などの言葉が多用されている。この類似した言葉の異同にとまどう読者がいるかもしれない。『広辞苑』によれば、「自立」とは「他の援助や支配を受けず自分の力で判断したり身を立てたりすること」、また「自律」とは「自分の行為を主体的に規制すること。外部からの支配や制御から脱して自分の立てた規範に従って行動すること」と説明されている。読者は本書においては、特別に使い分けを明示している章を除いて、同義として受けとめて下されば幸である。

　本書は、教科書づくりの種々の改善を試みている。すでに編者らは『はじめて学ぶ人のための経営学入門』、『はじめて学ぶ人のための人材マネジメント入門』（いずれも文眞堂）で、アクティブ・ラーニングの立場から学生の積極的な学習参加をうながすスタイルをとったが、本書は、これと同じ立場で作成した。学習内容の整理だけでなく、考えたり、調査する課題にチャレンジできるように作成し、学生諸君の学習支援に配慮した。

　本書刊行のキッカケは、全国ビジネス系大学教育会議における最新の議論であり、そこから多くを学んでいる。この機会に、これまでともに親しく学び議論してきた先輩・友人の諸氏に感謝をささげたい。

　終わりになるが、新しい挑戦的な試みに対して暖かいご理解を示し、本書刊行の機会をいただいた文眞堂には、心から感謝したい。とくに、格別のご高配をいただいた前野隆社長、前野眞司専務に厚く感謝の意を表明したい。また、編集実務で種々のお世話になった、山崎勝徳さんに御礼を申し上げたい。

2016 年新春

齊藤 毅憲・渡辺　峻

目　次

生きるために学び、学ぶために生きよ……………………………………………… i

第1章　これからの企業社会をいかに生き抜くか ……………………… 1

第1節　何を目的に生きるのか　1

(1) 自分の将来の進路　1
(2) 3つの人生観・価値観　2
(3) 自覚の重要性　3

第2節　いかに「自分」を発見するのか　3

(1) おぼろげな「自分」からの出発　3
(2) 明確な「自分」の自覚　4

第3節　いかに自分の能力を開発するのか　5

(1) きびしい雇用情勢　5
(2) 長期雇用慣行の崩壊　5
(3) 自分の人生を切り開く能力開発を！　6
(4) 有意義な学生時代の創造　7

第4節　企業社会と個人の自律性　7

(1) 企業社会のトレンド　7
(2) 求められる個人の自律性　8

第5節　まとめ　9

経営学のススメ①
「生き学」経営学って！なに？　13

第2章　企業社会と会社人生の変貌 …………………………………… 15

第1節　会社人間モデルの生成・発展と限界　15

- (1) 集団主義的な生き方・働き方の基盤　16
- (2) 会社人間モデルの衰退　17

第2節　個人に求められる新しい生き方・働き方　18

- (1) 自主性・自立性を前提にした生き方・働き方　18
- (2) 「会社主義」からの解放　19
- (3) 自分の権利・義務を自覚した生き方・働き方　20

第3節　企業組織に求められる新しい働かせ方　21

- (1) 「4つの生活（4L）の充実」による動機づけ　21
- (2) 個人の自主性・多様性・社会性を重視した働かせ方　21
- (3) 自己責任のキャリア開発を求める働かせ方　22

第4節　まとめ　23

経営学のススメ②
経営（マネジメント）という仕事は、どのようなものか　27

第3章　個人に求められる4つの能力開発　29

第1節　自分の職業人生を設計する「キャリアプラニング能力」　29

- (1) 人材の流動化と個人主導のキャリア開発　29
- (2) 求められるキャリアプラニング能力　30

第2節　他社や他分野でも通用する「専門的な職業能力」　31

- (1) 人材の流動化と雇用ポートフォリオ　31
- (2) エンプロイヤビリティへの要請　32

第3節　自分の労働と生活を「自己管理する能力」　32

- (1) 情報ネットワーク化の進展と個人の自立性　32
- (2) 求められる自己管理能力　33

第4節　自分の労働と生活の権利を守る「政治的能力」　34

- (1) 法的権利の自覚と行使　34

(2)　求められる法的知識と政治的能力　34

第5節　生きるために学び、学ぶために生きよ！　35

　　(1)　学生時代に習得すべき最低限の能力　35
　　(2)　生きる武器としての知識・技能・教養　36

第6節　まとめ　37

経営学のススメ③
企業内で行われている主要な職種とは？―「職能論」をめぐって―　41

第4章　現代企業の変貌と自律型人材への期待　43

第1節　企業を取り巻く環境の変化　43

　　(1)　経済のグローバル化　43
　　(2)　情報ネットワーク化（IT化）の進展　45

第2節　求められる自立と自律　47

　　(1)　企業の考える自立型人材　47
　　(2)　自律型人材における「自律」　48

第3節　自律型人材を支える制度　50

第4節　まとめ　51

経営学のススメ④
21世紀のビジネス・モデルと働き方―遠山正道のスマイルズ社の事例―　55

第5章　新たなワーキング・スタイルの登場　57

第1節　日本的経営の「三種の神器」　57

　　(1)　長期雇用の特徴　58
　　(2)　年功主義の特徴　58
　　(3)　企業別労働組合の形成　58

(4)　適用が限定された「三種の神器」　59

第2節　年功主義から能力主義管理へ　59

　　(1)　能力主義へ　59
　　(2)　職能資格制度の概要　60

第3節　複線型雇用管理の展開　60

　　(1)　コース別雇用管理の導入　60
　　(2)　「雇用ポートフォリオ」の導入　61

第4節　雇用形態の多様化　62

　　(1)　直接雇用の方法　62
　　(2)　間接雇用の方法　63

第5節　新しいワーキング・スタイルの時代へ　64

第6節　まとめ　65

経営学のススメ⑤
組織のフラット化は、どうして起こるのか　69

第6章　現代企業の雇用管理とキャリアデザイン……71

第1節　雇用管理の複線化・多様化　71

第2節　職種別・部門別採用の仕組と特徴　73

　　(1)　重視する個人の希望職種　73
　　(2)　職種別採用の具体例　73

第3節　勤務地域限定採用の仕組と特徴　75

　　(1)　重視する個人の希望勤務地　75
　　(2)　勤務地限定採用の具体例　75

第4節　コース別採用の仕組と特徴　76

(1) 求められるコースの事前選択　76
　　(2) コース別採用の問題点　77

第5節　個人に求められる自主的なキャリアデザイン　78

　　(1) 前提にされる個人のキャリアデザイン　78
　　(2) 求められるキャリアデザインの確立　78

第6節　まとめ　79

経営学のススメ⑥
変わる！中途採用の方法　83

第7章　ナレッジワーカーに求められる能力 …… 85

第1節　比重を増す「ナレッジワーカー」　85

　　(1) 21世紀に求められる人材　85
　　(2) 知識集約型社会とナレッジワーカー　86

第2節　企業側が求める「3つの力」　87

第3節　厚生労働省の若年者就職基礎力　88

第4節　経済産業省の「社会人基礎力」　89

第5節　個人に不可欠なエンプロイヤビリティ　91

第6節　まとめ　93

経営学のススメ⑦
キャリアの有力な選択肢としての「公務員」　97

第8章　自立と成長のためのキャリア戦略 …… 99

第1節　キャリアビジョンの設定とキャリア・アンカーの確認　99

(1) 「自由と自己責任」の時代　99
　　(2) キャリアビジョンの重要性　100
　　(3) キャリア・アンカーの確認　101

第2節　「環境と自分」の分析　102

　　(1) キャリア環境の分析　102
　　(2) 自分のポテンシャルの発見　104
　　(3) 「四事モデル」における4つの要因　104

第3節　偶然性の活用によるキャリア戦略　105

　　(1) 「偶然的な出来事」からなる人生とキャリア　105
　　(2) 偶然性の活用に必要な姿勢　106

第4節　まとめ　107

経営学のススメ⑧
自分を育てる！　111

第9章　ビジネスを起こして生きる戦略　113

第1節　わが国における「起業」の現状　113

　　(1) 低い開業率とその原因　113
　　(2) 起業に対する意識　114

第2節　起業する際の手順　115

　　(1) 事業内容の決定　115
　　(2) ビジネスモデルの確定　116
　　(3) 事業計画書の作成　117
　　(4) 資金の調達　117

第3節　起業の事例　118

　　(1) （株）ディー・エヌ・エー（DeNA）の南場智子　118
　　(2) （株）リブセンスの村上太一　119
　　(3) 社労士事務所設立のAさん　119

(4) 事例からわかること　120

第4節　まとめ　121

経営学のススメ⑨
スモール・ビジネス（小さな企業）に「強み」はあるのか　125

第10章　社会的企業を起こして生きる戦略　127

第1節　社会的企業の意味　127

　　(1) 期待される「社会的企業」という存在　127
　　(2) 社会的企業の事業性　128
　　(3) 社会的企業の形態　130
　　(4) 社会的企業の事例　130

第2節　社会的企業の起こし方　132

　　(1) 問題意識とミッションの明確化　132
　　(2) 社会的課題の発見　132
　　(3) 資金の調達　133

第3節　まとめ　135

経営学のススメ⑩
女子学生のために　139

第11章　NPOで働いて生きる戦略　141

第1節　現代の日本社会におけるNPO　141

　　(1) 現代日本の立ち位置　141
　　(2) NPOへの関心と期待　143

第2節　NPOの経営上の特徴　144

　　(1) 企業とNPOの経営比較　144
　　(2) ミッション・ベイスト・マネジメント　145

第3節　NPOで働くよろこびとキャリア戦略　146

(1) NPOで働くよろこび　146
(2) NPOで働くための戦略　148

第4節　まとめ　149

経営学のススメ⑪
「就職率94.4％」のからくり　153

経営学のススメ⑫　補論
人生やキャリアの転機―Oさんのケース―　155

- ◆ グロッサリー（用語解説） …………………………………………………… 157
- ◆ さらに進んだ勉強をする人のための読書案内 ……………………………… 164
- ◆ 索引 …………………………………………………………………………… 165

《One Point Column》

- ▶ WLB（ワーク・ライフ・バランス）を！　9
- ▶ 「ヒューマン・リソース・サポート」への要請　23
- ▶ 中国語学習を行おう！　37
- ▶ 2枚目の名刺をもとう！　51
- ▶ 「ゆう活」の利用　65
- ▶ 本気度のインターンシップを！　79
- ▶ 士（さむらい）業の資格取得はプロへの近道！　93
- ▶ 「自己実現」を極度に重視しないこと！　107
- ▶ 週休3日制への期待　121
- ▶ すすむ「子づれ出勤」　135
- ▶ もうひとつの仕事づくり　149

第 1 章
これからの企業社会をいかに生き抜くか

　皆さんは、それぞれがなんらかの人生の夢をもち、その実現にむかって日々の生活を送っているであろう。卒業後に社会に出て自分の人生の夢を実現するためには、なによりもまず自分をとりまく企業社会の動向を見きわめ、自分の欲求や動機にもとづく目的・目標を明確にする必要がある。それを自覚しなければ、だれでも自分の人生の夢を実現できない。

　その際に、環境の変化を無視して目的・目標を設定しても、それが達成されることはなく、つねに環境に適応したものでなければならない。そうだからこそ、自分がこれから生きていく企業社会の動向についてはよく見きわめ、そのありようを正しく認識する必要がある。

　大学において皆さんが社会科学を学ぶ意味は、そこにある。もともと、どんな分野の学問も個人の日々の暮らしを物質的・精神的に豊かにするためにあり、経営学もその例外ではない。企業を経営（マネジメント）するための知識・情報も大切であるが、なによりも生活者としての一人ひとりが豊かに「生きていくための学問」（生き学・イキガク）であることが重要である。そのような意味において、この「新しい経営学」は、皆さんが豊かに生きることに貢献する学問といってよいだろう。

　本書は、充実した学生生活を過ごし、卒業後には自分の選択した道を自分で歩けるように、皆さんの自立と成長を支援するために書かれたものである。さしあたり、第1章においては、本書全体の問題意識と基本的なメッセージをお伝えしたい。

第 1 節　何を目的に生きるのか

(1) 自分の将来の進路

　皆さんの多くは、卒業後の自分の将来の進路について、あれこれ思いめぐらしていることであろう。皆さんは、幼少のころからさまざまな将来の夢をもち、いまその実現のために努力しているのかもしれない。しかし、他方で「夢がない」、「なりたいも

のが見当たらない」、「自分が何をしたいのかわからない」という人もいるかもしれない。

だれでも、自分の人生において自分のめざす目的・目標が達成できれば、こんな幸せなことはない。多くの人が自分の進路や就職で悩むのは、ひとつには身近かな企業社会の変化がはげしく、将来の先行きが明確に見通せないからである。

同時に、現代の企業社会のどの分野で、どのように働き、いかに生きていくのか、自分の人生観や価値観・職業観が確立していないこともある。そのために自分の欲求や動機にもとづく目的・目標が選択しづらく、悩むことになる。

卒業後の将来の自分の進路といっても、それは最終的にはどのような生き方・働き方を選択するのか、の問題である。しかし、「自分は何のために働くのか、何を求めて働くのか」という問いについて、唯一絶対の正しい解答（ワン・ベスト・アンサー）があるわけではない。それは、あくまでも人それぞれに異なる人生観・価値観・職業観の問題だからである。

⑵ 3つの人生観・価値観

たとえば、Aさんは、「できるだけ多くのお金を得るために働きます」、「だから給料の多い会社であれば、どんな仕事でもします」、「会社では、たくさんの給料を得られる高いポストにつくように頑張りたい」というかもしれない。

そして、「愛とか、正義とか、自己実現など、人生はきれいごとではありません」、「お金がなければ、なにもできないのです。ご飯を食べることもできなければ、家も建たないのです」、「お金がなくて苦労した親の生きざまをみて、わたしはつくづくそのことを学びました」と述べるかもしれない。

また、Bさんは、「ある程度の生活ができれば、良い人間関係の職場で働きたい」、「雰囲気のよい職場であれば、給料が少々安くてもかまわない」、「いごこちのよい職場であれば、どんな仕事でもします」と答えるかもしれない。

つづけて、「お金は借金すれば、なんとか入手できるが、心のきずなはお金では手に入らない」、「人生において、最終的には心と心のきずなが一番大事なことです」、「だまされたり、だましたり、人間関係がズタズタになった孤独な親の生きざまをみて、わたしはつくづくそのことを学びました」と発言するかもしれない。

そして、Cさんは、「やりがい・生きがいのある仕事がしたい」、「一度しかない自分の人生を、自分なりに納得した生き方・働き方をしたい」、「周囲から奇人変人とい

われても、たとえ給料が少々安くても、やりたいことをしたいのです」、「やりがいや生きがいを感じる仕事ができず、自分が成長できなければ、そんな職場はすぐに変わりたい」というかもしれない。

　また、「人生において、生きがいが一番大事です」、「やりたいこともできず、会社にひたすら滅私奉公し、会社人間として自己犠牲の人生を終えた親の生きざまをみて、わたしはつくづくそのことを学びました」と述べるかもしれない。

(3) 自覚の重要性

　以上のように、ここでは、Aさん、Bさん、Cさんの3人の「生き方・働き方」を、単純に3つに類型化したが、どのような生き方・働き方が「正しい」とか、「まちがっている」とか、をいうことはできない。それぞれの人の生き方はさまざまであり、その根底にある人生観・価値観もさまざまであろう。

　ただ言えることは、人それぞれの根底にある人生観・価値観が自覚されていなければ、「自分は何を求めているのか」、「何をしたいのか」、といった自分の人生の目的・目標は何も見えてこない。そうなると、将来どんな職場で、どのような仕事につき、どう働くか、などについて決めることは、なかなかむずかしい。

　したがって、人生観・価値観を明確にし、自分は何をしたいのかを自覚することが、自立の第一歩である。つまり、自分の欲求や動機にもとづいて、目的・目標および達成する手段・方法を決めないと、最初の一歩が踏み出せないであろう。

　一般に、自律型人材とか自治自立人と呼ばれる人間は、自分の人生観・価値観を明確に自覚しており、それにもとづいて判断し、意思決定し、行動できる人である。現在の企業の求める人材とは、本章の第4節や後の章でも述べるが、そのような自律型人材である。

第2節　いかに「自分」を発見するのか

(1) おぼろげな「自分」からの出発

　この人生観・価値観については、たとえそれが漠然としていても、自分なりのなんらかの回答がないと、おそらく行動の目標も手段も決められない。つまり、将来において自分が歩むキャリアビジョンもみえてこない。そのような状態では、就職ガイダンスに参加して、就職活動（就活）のノウハウを耳にしても、何も身につかないこと

になる。

　また、就職活動で企業の担当者から、「あなたは、弊社で何をしたいのですか」と聞かれても、何も答えられないし、おそらくどう動いたらよいのかもわからない。

　それは、まるで「自分の食べたいものは何か」がわからなくて、どこのレストランに行って、何を注文すればよいのかを決められないのと同じである。少なくとも「中華か、和食か、イタリアンか」という好みぐらいは決めておかないと、右に行くのか、左に行くのか、最初の一歩も踏み出せないことになる。

　もちろん、中学・高校時代から「なりたい自分」がハッキリしていて、そのために特定の大学の特定の学部を選択して、「なりたい自分」になるための勉学している人も少なくない。しかし、多くの学生は、将来の進路選択を模索する20代前半に、自分の人生観・価値観を問われても、明確に回答するのはむずかしいかもしれない。

　とはいえ、多かれ少なかれ、皆さんはなんらかの「人生観・価値観」を無意識であれすでにもっており、多くの場合、現段階では、それが明確に自覚されず、ただ単に漠然としているだけであろう。

　たとえば、「あなたの将来の夢は何ですか」と問われたときに、きわめておおざっぱであるにせよ、なんらかの回答をするであろう。そこに、あなたの人生観・価値観がおぼろげながらも示されている。

　そのおぼろげなものが、さまざまな体験や勉学、そして時間の経過とともに、しだいに明確になり、やがて自分のものとして自覚されてくる。そして、通常、20代半ばに確立された人生観・価値観が、おおむね生涯を貫くことになる。

(2) 明確な「自分」の自覚

　自分のおぼろげな人生観・価値観を明確に自覚することは、むずかしいことだと思うかもしれない。もちろん、やさしいことではないが、大学での勉学、クラブ活動、アルバイト、旅行など、さまざまな活動や体験を通じて、しだいに明確になるであろう。そして、親しい友人との交流のなかでお互いに議論し、観察しあうなかで、「自分」のことがかなり明確になっていくであろう。

　また、最近では多くの場合、学校側がさまざまな手法を使って、皆さんの「自己分析」や「自己発見」の手助けをしており、自分の人生観・価値観がどんなものか、自分がどんな人物であるのか、どんな分野に向いているのか、などを知ることができるであろう。

NOTE

このようにしながら、具体的にどんな仕事をしたいのか、どんな働き方をしたいのか、などを明確にしていけば、これまでに気づかなかった「自分」、つまり自分が何をしたいのか、目的や目標がいっそうハッキリと見えてくるであろう。

あわてることはない。人生観・価値観を自覚して、自分の欲求や動機にもとづく自分の歩む道の目的・目標を明確にしていけば、最初の一歩も確実に踏み出せる。

第3節　いかに自分の能力を開発するのか

(1) きびしい雇用情勢

もちろん、自分の歩む道の目的・目標が決まっても、皆さんがよく知っているように、卒業後に必ずしも思うように就職できるとは限らない。一部の業績の良い会社を除いて、多くの場合、コスト削減・人件費削減のために「正規雇用」を抑制し、アルバイト、パート、派遣社員、契約社員などの「非正規雇用」を増やしている。

公務員も同じである。多くの自治体は税収入の減少により財政が苦しく、その結果、公務員の採用数を節減・削減している。そして、そこでも非正規雇用が増加している。

その結果、社会全体でみると、現状では約4割が非正規雇用といわれている。そして、採用抑制・企業の倒産・事業の縮小など、さまざまな事情から、社会全体で失業者や就職できない学生が増え、不本意のフリーターが増えている。また、不安定な雇用が増加するなかで、結婚をためらう人、結婚しても出産をためらう人、将来の生活に対して不安をもつ人は増加している。さらに、ニートといわれる人も増えている。

このように、皆さんを取り巻く雇用や生活の環境は、決して楽観できるものではない。もちろん、このような状況が起きた原因や、それを改善するのは主に政治の問題であり、皆さんに責任があるわけではない。とはいっても、取り巻く環境がきわめてきびしい状況にあることを認識しておかないと、あとになって途方に暮れることになるかもしれない。一方において、政治や社会の責任はあるが、同時にきびしい状況を乗り越えるために、個人の側で自覚的に対策を講じることが必要である。

(2) 長期雇用慣行の崩壊

不安定な非正規雇用の増加にも関連して、これまでの日本企業の雇用慣行も大きく

変化している。長い間定着してきた長期雇用の慣行は、いまや崩壊しており、働く側は定年まで同じ職場で勤めあげることはなくなり、種々の事情で職場を変わる労働移動（転職や起業など）があたりまえになっている。事業の縮小や事業再構築（リストラ）などで不本意に退職させられる人、また起業のために自発的に退職する人など、事情はさまざまであるが、いわゆる「労働力市場の流動化」が進展してきたのである。

　このような状況においては、企業の側からすれば、業務の重要部分については、すぐに役にたつ「即戦力型の人材」を正規雇用するが、重要でない部分を担う層は非正規雇用でまかなおうとしている。つまり、「必要な人材を、必要な時に、必要な量のみ雇用」する、という後の章で述べる「雇用ポートフォリオ」の考え方が強くなっている。

　ということは、もし皆さんが企業に「正規雇用」されることを願うのであれば、即戦力になり得る能力をもつことが大切である。現在は、「大学時代は遊んでいてもなんとかなる」ことはありえない。学生時代に自主的・自覚的に能力開発をして、なんらかの職業能力を習得しなければならない。意欲もなく、後の章で述べる「雇用されうる能力」（エンプロイヤビリティ）もない学生を採用する企業や組織はないであろう。

　長期雇用慣行のもとでの職務遂行に求められる能力開発については、かつては企業内の教育訓練が重視されていた。しかし、長期雇用を前提にしていない現在では、能力開発は個人の「自由と自己責任」の問題になっている。

　このように、近年の企業は、働く個人への対応を大きく変えている。これからの時代をいかに生き抜くかは、あなたの自由と自己責任の問題である。もはや「誰かがなんとかしてくれる」ことはない。

(3) 自分の人生を切り開く能力開発を！

　いまわれわれには生きていくための勉学（生き学・イキガク）が不可欠である。試験に合格するためだけの勉強は終わった。いまこそ、自分の人生を自分で切り開くための勉強を行い、自分のキャリアビジョンを明確にし、自分の能力を自覚的に開発するための勉強をすることで、あなたの未来は開かれることになる。

　受験勉強に疲れた人は、「勉強」が嫌になっているかもしれない。しかし、日本の企業社会のあり方が大きく変化したことを理解せずに、「なんとかなるだろう」とい

NOTE

うノンキな気持ちでいるかぎり、就職も困難になるであろう。

「労働移動の時代」の企業社会を生きていくには、そのための技能・知識・能力の習得が必須の条件である。「これが自分の長所（強み）だ」といえるような技能・知識・能力がなければ、どんな分野にも就職はむずかしい。

もちろん、景気を回復させ、雇用機会を増加させる社会・経済政策は急務であるが、他方で、一人ひとりが職業生活に必要な技能・知識・能力を自主的・自覚的に身につけ、自己改革しなければ、就職だけでなく、21世紀の企業社会を生き抜くことも容易ではない。

(4) 有意義な学生時代の創造

よくいわれるように、もっとも効果的な就職活動は、自分の学生生活を充実させることである。勉学、クラブ活動、アルバイトなど、多忙な学生生活を有意義なものにし、そのすべてが自分の自立と成長のプロセスになれば、小手先の就活などよりも明らかに有効である。

皆さんのなかには、授業や講義を聞いていて、「こんな知識がいったいなんの役にたつのだろう」と疑問に思う人もいるであろうが、編者の個人的な体験からいえば、20代に勉強し習得したことで、将来において役だたなかった知識・技能・能力はほとんどない。いま思えば、もっと勉強しておけばよかったと思うことばかりである。先に述べたように、もともと学問とは、私たちの日々の暮らしを豊かにするためのモノであり、大学で学ぶ知識・技能・能力は、すべて生きるための武器となる。

クラブ活動も、同様に自己啓発・能力開発の場であり、自立と成長に不可欠なものが習得されるであろう。アルバイトにしても、ただ単におカネを得るためにだけ働くのであれば、何も学べないが、自分の能力開発に結びつけて、社会体験・職業体験の場として自覚的に働けば、実に学ぶことは多い。

このように、充実した学生生活こそ、社会人に不可欠な基礎力や人間力の習得を保障するであろう。

第4節　企業社会と個人の自律性

(1) 企業社会のトレンド

先述したように、近年の日本の企業社会は大きく変化している。経済のグローバル

NOTE

化・情報ネットワーク化が進展し、産業構造や事業の構造も大きく変容してきた。そして、これまでの集団主義的な社会から、ゆるやかな個人主義的な社会に移行している。

その結果として、人びとの人生観・職業観も多様化し、生き方・働き方もさまざまである。同時に、企業側の働かせ方も複線化・多様化しており、働く個人の自主性・多様性・社会性を重視したものに変化している。そして、このような変化は、個人の側の「自由と自己責任」とされる領域の拡大をも意味している。

このように、企業社会のあり方が大きく変化し、社会が個人主義的なものに移行しているのに、その変化に気づかず、「かんちがい」や「思い込み」で野球のバットを振ってみても、「空振り三振」することは確実であろう。なによりも、自分がこれから向かおうとする企業社会の動向を直視して、そこでの自分の立ち位置を明確に自覚することが大切である。

(2) 求められる個人の自律性

さらに、21世紀の企業社会を個人が生き抜くには、自律的な能力開発が不可欠である。かつて、従業員の教育訓練・能力開発については勤務先の企業が主導して行う時代もあったが、現在は「個人主導の能力開発」に大きく変わっている。「労働移動の時代」であるから、いつ辞めるかわからない人に対して、企業の側が教育訓練に多額のコストをかけることはないであろう。

したがって、企業が募集・採用の際に、知識・技能をもった「意欲と能力」のある即戦力型人材を求めるのも当然である。とすれば、学生時代の過ごし方は、明白である。個人が自主的・自律的に能力開発することができれば、自分の進路を確実に切り開くことができる。

また、企業のあり方が大きく変わり、組織運営・人材マネジメント・働かせ方も、個人の自主性・自律性・裁量性にシフト（移行・変化）している。「テレワーク」、「在宅勤務」、「裁量労働制」などの導入・進展とともに、業務遂行における自己管理能力が不可欠とされている。自己管理能力に欠ける個人は業務遂行もむずかしい。

さらに、社会も個人主義的なものに移行しているので、どのように生きていくのか、キャリアプランやライフプランもまた、個人の自律的な設計が求められている。「労働移動の時代」に移行している以上、それぞれの個人が、自分の生き方に関する具体的なプランをもたなければ、どうすることもできない。いまや会社はアテになら

NOTE

ないし、アテにすることもできない。自分の人生の夢を実現するには、生き方・働き方のプランづくりの能力が不可欠である。「何がしたいのかわからない」、「なんとかなるかもしれない」では、21世紀の企業社会では通用しない。

このように、21世紀を生き抜くには、すべての面において、個人の側の自主性・自律性・自発性が不可欠になっている。

第5節　まとめ

本書の役割は、生活する人びとの立場から企業経営を論じつつ、それを通じて、皆さんの自立と成長を支援することである。つまり、読者の皆さんが、現代の企業社会で自分の人生の目標を自分で決め、それに到達するための道を自分で切り開くためのお手伝いであり、そのために必要となる情報や知識を提供しているにすぎない。したがって、本書では、皆さんに特定の生きかた・働き方を押しつけないし、小手先の就職活動のノウハウを提供もしない。

本書には、卒業後の将来の進路を考え決めるうえに必要な情報や知識が盛りこまれているが、すべて皆さんが自主的・自律的に取捨選択して役だててください。あくまでも、皆さんが21世紀の社会を豊かに生きることを支援するための、「新しい経営学」である。

「生きるために学び、学ぶために生きよ！」。これが読者に対する本書の基本的なメッセージである。

《One Point Column》

WLB（ワーク・ライフ・バランス）を！

長い間、日本の企業は従業員の仕事（ワーク）を重視し、生活（ライフ）を軽視してきたが、現代では両者のバランスをとる動きが強まっています。もっとも、長時間労働という実態のもとではそれほど改善されておらず、企業や政府には政策的な配慮が求められています。

(1) 本章の内容を要約してみよう。

(2) 本章を読んだ感想を書いてみよう。

(3) 説明してみよう。

① 人生観の確立とは、なんでしょうか。

② 職業観の確立とは、なんでしょうか。

③ 自主的・自律的な能力開発とは、なんでしょうか。

(4) 考えてみよう。本章に登場するAさん、Bさん、Cさんの生き方・働き方は、それぞれに異なりますが、なぜこのような差異が生まれるのでしょうか。また、あなたはどの人物の生き方・働き方に賛同・共鳴しますか、そして、それはなぜですか、考えてみよう。

(5) 調べてみよう。あなたの身近な事例で、あなたが生き方・働き方のモデルにしたくなる人物について、その特徴や共感・共鳴できる点などを、具体的に紹介して下さい。

経営学のススメ①

「生き学」経営学って！なに？

　まず、これまでの経営学がなにをとり扱ってきたのか、から考えてみよう。

　おおむね、経営学は企業の経営（マネジメント）を研究するものになっている。企業が研究の対象であり、一世紀前の20世紀初頭に、企業や産業の発展が顕著であった工業先進国（アメリカ、ドイツなど）で経営学が誕生した。

　経営学は主に企業をとり扱うことで発展してきたが、現在では行政組織（中央官庁や地方自治体）、NPO（非営利組織）などの経営も研究されている。具体的にいえば、われわれの身のまわりで学校（教育機関）、病院・クリニック、宗教団体、経済団体（業界団体、商店街組織）、町内会・自治会、労働組合、生活協同組合、文化・趣味・スポーツのサークルやクラブ、スポーツのサポーターの集まり、など多くの組織が活動を行っているが、このような組織にも経営が不可欠である。したがって、経営学はこれらもろもろの組織が研究の対象になる。

　さらに、それだけでなく、われわれ個人のライフそのもの――日常生活や人生――にも経営があり、これも経営学の対象になる。個人がキャリアや仕事を含む自分のライフをどのようにつくりあげていくか、そこにもマネジメントが不可欠になるわけで、本書はこのような立場からつくられている。要するに、日常生活や人生のマネジメントも、これからの経営学がとり扱う対象になると思っている。

　もうひとつの論点は、経営（マネジメント）という考え方には、どのような特徴があるか、ということである。経営学も科学のひとつであるから、研究の対象を客観的に説明したり、分析するという側面も当然あるが、経営には、企業やその他の組織が環境のなかでつぶれることなく存続し生きつづけるという視点が大切になっている。そして、生きつづけるという意味には、成長・発展することも含まれている。

　そこで、組織が存続していくためには、人間の努力や工夫などの活動を組織化しなければならない。この活動が経営であり、それを主に担当するのが経営者（マネジャー）である。当然のことながら、個人のライフの経営学では、当該の個人が担い手である。

　要するに、経営学はまさに、組織や個人が存続する・生きることに関与する、「生き学」（イキガク、生きていくための学問）なのである。そして、組織の場合、持続的に発展していくことは、よりよく生きていることを示している。それは別の言葉でいうと、経営がうまく行われていることでもある。

　個人の場合、寿命があるので、それを越えて生きつづけることはできないが、組織はうまく経営が行われると、生きつづけることができる。ただし、うまくいかなければ、

生きつづけられないので、そのための活動がたえず行われることになる。

　人間は生きていくためには、自分の心身の健康に注意する（ケア（care））ことが必要であり、病気になれば治療をうけ（キュア（cure））なければならない。他方、人びとの協力によってつくられる企業や組織も、たえずケアしないと、外部の環境要因だけでなく、内部的な要因によっても生存の危機におちいったり、重い病的症状を示すことになる。

　その場合、コンサルタントなどの診断（キュア）を受けて、改善策を実施したり、または自力で体質を変えてみたり、ときにはイノベーション（革新）を起こすことも必要になる。これによって、生き、生きつづけることを可能にしようとする。

　要するに、組織も個人も生きつづけようとする「存続」「継続」のための各種の活動こそが経営である。昔から「継続は力なり」といわれるが、つづけることは本当にむずかしい。そして、このように、生きることに関与しているのが、経営学なのである。

　「生き学」としての経営学のパイオニアは、バーナード（C. I. Barnard）である。彼は『経営者の役割』（1938年）で、組織の存続のメカニズムを分析し、経営学の革新に貢献した。そして、第二次世界大戦後に「生き学」を本格的に推進したのがドラッカー（P. Drucker）であり、企業などの組織が生き、生きつづけることの意味を示している。

　さらに、1960年代の後半以降、経営学では経営戦略論が発展し、経営学の中核的な部分をつくりあげてきた。それは、平和に対立する戦争や戦闘、野ばんな殺りくに関する研究ではなく、企業とりわけ大企業が生きつづけるには、どうすればよいのかを考えるものになっている。

　21世紀の企業社会において、組織と個人がバランスよく存続するための道筋を探ること、それが「生き学」としての経営学の課題である。

（設問1）　あなたはどのような組織に関心がありますか、その理由はなんですか。
（設問2）　「経営」（マネジメント）の果す役割とはなにか、論点をまとめてみよう。

（齊藤　毅憲）

第2章
企業社会と会社人生の変貌

　皆さんが大学を卒業し、社会に向かって羽ばたくには「自分とは何か」とともに、「自分をとりまく企業社会とは何か」についてのイメージをもつことが大切である。つまり、「自分と社会」の両方を知っておかなければ、「いかに生きるか・いかに働くのか」について、意思決定することはむずかしい。本章では、日本の企業社会の変貌と、そこに生まれている新しい働き方・働かせ方、つまり新しいワーキング・スタイルの動向について概観する。
　本章を読むと、以下のことが理解できる。
① 日本の企業社会は、第二次世界大戦後（1945年）の復興から高度経済成長の時期に、「集団主義的社会」として成熟し、その過程で長期雇用・年功序列の慣行が確立し、いわゆる「会社人間」が創出・再生産されてきたこと。
② その後の高度経済成長が終わり、経済のグローバル化・産業構造の変化・事業の再構築（リストラ）・労働力市場の流動化のなかで、日本の企業社会はゆるやかな「個人主義的社会」に変容しつつあること。
③ 個人は自分の生き方・働き方を「自由と自己責任」で選択することになり、自分の「キャリアプラニング能力」や「雇用されうる能力」を自分で開発することが求められていること。
④ 企業側では、組織のなかの個人に対して、自主性・多様性・社会性を重視した働かせ方を導入・展開しつつある。こうして、集団主義的な「会社人間」は減り、個人主義的な「自立した個人」がふえていること。

第1節　会社人間モデルの生成・発展と限界

　日本の企業社会は、いま大きく変化している。それは、従来の集団主義的で横並びのあり方から、個人主義的で柔軟なあり方になりつつある。ここでいう集団主義とは、集団全体の利益のために個人の利益を犠牲にするという滅私奉公の精神、つまり

集団の論理に自分を同化させる「意識と行動」のことである。

それに対して、個人主義とは、個人を立脚点として、集団を個人の集合として考え、個人の立場を優先・重視する「意識や行動」である。なお、利己主義とは、自分の利益のみを行動基準にして、集団全体の利害を念頭におかない「意識や行動」であり、個人主義とは異なる。

そして、日本の企業社会が集団主義的なものから個人主義的なものへと変化するとともに、私たちの生き方・働き方にも変化が求められている。そこで、まず集団主義的な企業社会の特徴からみておきたい。

(1) 集団主義的な生き方・働き方の基盤

これまで長い間、日本人の「意識と行動」は集団主義的だといわれてきた。それは、もともと第二次世界大戦以前の農村落（ムラ）社会を基盤にして発展・確立した。そこでは、「地主と小作人という関係」のなかで、零細な農業生産を営むことが支配的であり、生産力も低かったので、生産現場で働く人びとの協力・協働はどうしても不可欠であった。

したがって、ムラ社会では、生産の場においても、生活の場でも、集団の論理に個人を同化させる滅私奉公の「意識と行動」が支配しており、自己主張が強くて、「集団の秩序」を乱すような協調性のない人物は、しばしば「村八分」（仲間はずれ、シカトの対象）にされた。

第二次世界大戦後（1945年）の社会の大転換のなかで、ムラ社会のあり方も様相を大きく変えた。一連の民主化措置のひとつとして農地改革が行われ、不在地主はいなくなり、旧小作農民の状況は改善された。

しかし、1950年代なかばから、工業生産を中心にした高度経済成長が幕開けし、その結果として、農業生産は低迷・衰退せざるをえなくなった。すなわち、農村の働き手として期待された若者の多くが都会に出て、企業に「労働力を売る」ことで生計を立てる、いわゆる賃金労働者に変わり、ムラ社会の崩壊が始まっている。

1960年代から70年代にかけて、産業の重化学工業化が急速に進展したが、その過程で賃金労働者が日本社会の多数派になり、大都市の過密化と農村の過疎化が進展した。そして、それまでムラ社会を基盤にして形成・確立された集団主義の「意識と行動」が、都市部の会社・工場の組織に引き継がれ、「会社主義」に姿を変えた。

高度経済成長時代に、近代的な大工場の画一的な大量生産システムが確立し、高品

NOTE

質・低コストの製品が大量生産され、流通市場に大量に出まわり、大量消費された。大企業や大工場の組織では、大量生産を前提にしていたので、集団主義・会社主義の「意識と行動」は都合のいいものであった。このような状況で、大企業・大工場を基盤にした集団主義や会社主義が拡大再生産された。

この過程で長期雇用・年功序列という雇用慣行が確立した。長期雇用を前提にした職場では、集団の秩序こそがなによりも重視され、個人には協調性や会社への滅私奉公・自己犠牲が求められた。また、長期雇用を前提にすれば、個人の各種の職業能力や技能は、長期的な職務経験を基礎にして修得されるので、学生時代の教育よりも企業内の職業教育が重視された。

さらに、従業員の処遇は長期雇用を前提にした年功序列により行われたので、「定年まで大過（たいか）なく勤めあげることが美徳」とされた。すべてが右肩上がりに経済成長する時代であったから、従業員を定年まで雇用しても、賃金の伸びを保障できたし、他方で低賃金の新卒を採用することで総人件費を抑制することができた。

このようにして、長期雇用・年功序列の慣行は、労使協調の企業別労働組合とともに、日本型経営システムとして確立し、長時間労働とあいまって「経済大国・日本」をつくりあげた。それは、集団主義的な「おみこし型経営」の確立である。

それを基盤にして経営家族主義・会社忠誠心、さらに共同生活性（第10章第3節）がつくりあげられた。この過程で、日本の賃金労働者は集団主義・会社主義へ埋没せざるをえなくなり、家庭生活・社会生活を犠牲にしても、企業に滅私奉公する会社人間であることが要求された。

(2) 会社人間モデルの衰退

1980年代になって高度経済成長は終わり、画一的大量生産から多種多様な生産体制へ移行し、産業構造も重化学工業を中心にした「重厚長大」分野から、システム・情報産業系の「軽薄短小」分野へと比重が移動し、企業の業容転換・事業再構築（リストラ）が進展した。また同時に、企業の国際化・海外移転が進展した。その結果として、全社会的な規模の人材の流動化が発生し、これにより個人の価値観や職業意識の多様化が進むとともに、集団主義的な「おみこし型経営」がゆらぎ始めた。

この過程で、個人の多様な生き方・生きがいを認める「ゆるやかな個人主義」が発芽し始める。これに女性の高学歴化と職場進出、共働きの増加などが加わって、この傾向に拍車がかかった。他方で、経済成長の鈍化、企業組織内の中高年層の肥大化、

事業再構築の進展が、長期雇用・年功序列の慣行を維持する基盤を揺るがした。

　1990年代になり、情報ネットワーク型組織・分社型組織の普及、経済のグローバル化がさらに進展した。また、バブル経済の崩壊と、その後の事業構造の再構築（リストラ）の広範な展開をきっかけにして、労働力市場はいっそうに流動化し、長期雇用・年功序列の慣行は音を立てて崩れ始めた。そして、これまでの集団主義や会社主義から解き放された「個人の自立性」が課題になった。

　そして、企業側が「愛社精神は不要だ」、「定年まで会社にしがみつくな」という時代が到来し、社会全体として「失業なき労働移動」が求められた。また、個人の「意思と選択」や「自由と自己責任」が問われ、即戦力型の職業能力が重視され、自己啓発が強調されるようになった。そして、個人には新しい働き方・生き方が要求され、自己責任でライフプランやキャリアプランを確立することが求められている。

　このようにして、企業側は個人を「会社人間」としてではなく、「自立した個人」、「社会化した自己実現人」としてとらえなおし、その多種多様な欲求・生活事情に対応し、「自主性・自立性」、「自由と自己責任」を重視する人材マネジメントを導入せざるをえなくなった。

第2節　個人に求められる新しい生き方・働き方

(1) 自主性・自立性を前提にした生き方・働き方

　現在、大企業は社会的に広がった情報ネットワークシステムを媒介にして、開発・生産・加工・流通のすべての活動を行っているが、そこには大規模な協働体系が形成され、個人はその一部に組み込まれ、細分化された部分業務を行っている。別の言葉でいうと、生産や労働が社会的な広がりをもち、地球規模で行われることであり、それを「労働の社会化」という。ここに、大企業の組織が「社会的公器」と呼ばれ、「企業の社会的責任」（CSR）が問われる根拠がある。

　この過程は、産業構造の再編成、事業構造の再構築にともなう企業組織の変化、労働力市場の流動化など、種々の社会的な摩擦（まさつ）・個別紛争をもたらし、そして、個人の側には耐えがたい心労と苦渋の選択を迫まった。いずれにしても、今日の企業活動は大規模で複雑な協働体系なしには存続できず、それがなければ製品の開発・生産・加工・流通も、その管理・統制もありえない段階に到達している。

　このような社会的な協働体系を維持・存続させるには、そこには意識的・自覚的に

調整された組織づくりとともに、個人には責任感のあふれる「自己実現人」であることが求められた。そして、その組織は情報を共有するフラット型のネットワーク組織となり、それは限りなく民主主義的な形態に近づいている。

この場合の業務遂行には、個人の自主性・自立性・自覚・責任感・意欲・能力が不可欠であり、それによらなければならない分野が拡大している。そのなかで、在宅勤務やテレワークなどの非出社型勤務が広く登場している。また、組織全体が情報ネットワークで管理・統制できるので、日常的な業務は個人の判断と対応に大幅に任せられるし、そのほうが効率的であり、低コストにもなる。

このように、現代の企業社会では、企業の側が働く個人の側の自主性・自立性・自覚・責任感・意欲・能力に依存しており、それがあるから全体の業務がうまくいく。かくして、個人の側は、自主性・自立性を豊かにもつ「自立した個人」、「社会化した自己実現人」であることが求められている。

(2) 「会社主義」からの解放

先にみたように、産業構造の大規模な再編成、事業構造の再構築が進行し、雇用調整という名の出向や派遣の常態化、雇用形態の多様化が進んだ。そして、大企業の生産過程が社会的ネットワークを媒介にした大規模な協働体系であるため、産業や事業の再構築は地球的規模で影響を及ぼし、その結果、労働力市場の流動化や労働移動が急速に進んでいる。この過程で、日本型経営の特徴とされていた集団主義的で画一的な長期雇用の慣行が崩壊している。

そして、企業組織で働く個人は、一方では不本意な出向・派遣・退職などを迫られるが、他方ではヘッドハンティング、起業・ベンチャービジネスへの挑戦などの自発的・積極的な退社（「スピン・オフ」または「スピン・アウト」という）も顕著になった。そこには、会社中心主義の人生から解放され、自己の価値観や職業意識にもとづく多様な生き方・働き方を選択する「自立した個人」が創出されている。

たとえば、社会経済生産性本部による新入社員の転職意識調査によると、「しないにこしたことはない」（31.9％）よりも「それなりの理由があれば、1～2度の転職はしかたがない」（48.0％）、「それなりの理由があれば、何度してもかまわない」（14.2％）などのほうが多数派を占めており、理由・条件・チャンスによって転職に前向きになっている（「第24回・2013年度新入社員意識調査」）。

ここにみられる個人は、もはや特定の企業組織のなかで競争原理に駆り立てられ

た「忠誠心あふれる会社人間」や「企業組織と一体化した個人」ではない。それは、流動化する労働力市場を媒介にして、自分の価値観や職業意識に適合する職域と仕事（ジョブ）を求める個人であり、企業内外の社会的な広がりのなかで、自分のキャリアを自分でデザインする個人である。

ここに、自分の人生を「自由と自己責任」で生き抜く意識が生まれる。そして、職業生活のみに自分を埋没させることなく、「職業生活、家庭生活、社会生活、自分生活という4つの生活（ライフ、Life）の並立・充実」（「4Lの充実」という）を求める「社会化した個人」や「社会化した自己実現人」が増加する。

(3) 自分の権利・義務を自覚した生き方・働き方

これまでの集団主義的な組織風土と企業別労働組合のもとでは、個人の政治的自由は、形式はともあれ、内容的に大幅に制限されていた。もし、個人が「失業なき労働移動」をして、各自の価値観・職業意識に応じた仕事・職域の選択ができるのであれば、自分の政治哲学や信念に応じた自由な政治行動をとる自立性を獲得できる。

また、長期雇用の慣行や企業別労働組合を前提にしなければ、個別企業の枠を越えた新しいかたちの労働組合が多く生まれ、これまで軽視・無視・放置されてきたサービス残業、女性差別、不当労働行為、労働基準法違反などがかなり規制される可能性は増加する。

そして、労働組合の役員選挙において集団主義的な組織誘導から解放され、また国政選挙や自治体選挙における人事権を背景にした「会社ぐるみや関係会社ぐるみ選挙」からも解放される。個人は日本国憲法に保障された政治的自由の内実を獲得し、自分の政治哲学に従って行動することになる。

この半世紀を世界史的にみた場合、このような動きを顕著にさせているのは、政治における民主主義の前進である。近年における一連の非民主的国家体制の崩壊、女性の地位向上の国際世論の高揚、不正義・不公平・アンフェアを許さない政治行動の増加など、民主的思想や人権思想は多くの個人をとらえ、その実現にむけて人びとは動いており、政治的民主主義は国内外において確実に前進している。

以上の動向のもとで、現代の企業社会において、会社主義や企業別組合主義から解放された、政治的に「自立した個人」が創出されつつある。近年、企業組織においてコンプライアンス（法律を守ること）や内部告発制度による告発が重視され、消費者無視のアンフェアな行為が問われ、非難されている。

NOTE

そして、今後「自由と自己責任」にもとづく個人主義がさらに定着すれば、個人の側は自分の労働や生活の場で発生する権利の侵害に対して、ひとりでも闘える政治的能力をもつことが必要になる。このように、個人は、民主主義者として政治的な自覚をもった「社会化した個人」、「社会化した自己実現人」であることが求められるであろう。

第3節　企業組織に求められる新しい働かせ方

⑴　「4つの生活（4L）の充実」による動機づけ

　以上のように、こんにちの企業社会そのものが新しい人間モデルを誕生・成長させ、再生産している。個人は経営家族主義や企業別組合に守られた「会社人間」ではなく、自分の価値観・職業意識・政治哲学を重視した生き方を選択している。それは、「他人にどう思われようと、自分らしく生きたい」、「明るい気持ちで積極的に行動すれば、たいていのことは達成できる」などの個人重視の生き方である。

　経営者団体の経済同友会もいうように、「これまでの個人は（一略一）、個人生活を犠牲にしてまでも働くといった傾向」があったが、これからは、「みずから労働（職業生活）と余暇（家庭・地域社会）とのバランスを取りながら、みずからの能力を高め、創造性と自立性を発揮して『働くこと』により達成感・満足感を感じ、自己実現を図っていくことのできる『自立した個人』であることが求められている」（『2010年に向けてこれからの労働の在り方』、1992年12月）。

　いまや、企業組織のなかの個人は、職業生活のみに生きがいを感じる会社人間ではなく、前述した「4Lの充実」によって動機づけられ、行動する個人として新しく生まれている。それは、会社主義・経営家族主義からゆるやかに離れていく個人主義の台頭である。

⑵　個人の自主性・多様性・社会性を重視した働かせ方

　個人の側が、「4Lの充実」によって動機づけられる傾向が増えているとすれば、企業の側でも新しい対応が不可欠である。経済同友会がいうように、これまでの「企業中心となりがちであった経営から、『良き社会人・地域人・家庭人としての個人』も重視するなかで、社会・企業・個人の3者の関係のバランスを考慮した経営にシフトさせていかねばならない」（前掲書）。

つまり、個人の側を「4Lの充実」で動機づけ、企業組織への貢献を獲得する新しい「社会化した人材マネジメント」の導入である。現在では、多くの企業組織で、「4Lの充実」を重視した「社会化した人材マネジメント」の制度が導入されている。

たとえば、個人が好みの仕事につけることを重視して募集・採用する「職種別採用」、個人が好みの地域で働けるように勤務地域をあらかじめ限定する「地域限定社員制度」、個人の好みのライフスタイルに合わせて、職種や転勤・昇進の有無をあらかじめ限定して処遇する「複線型雇用管理」、「コース別雇用管理」などがある。

また、能力開発、異動、定年などに関連するものとしては、異動・転職のための能力開発を支援する「キャリア形成支援制度」、「自己啓発支援制度」、「公的資格取得支援制度」、定年の時期を個人の側に決めさせる「選択定年制度」、異動先の希望を個人に問う「社内公募制」、「FA（フリー・エージェント）制度」などがある。

また、個人の目標・達成に関するものとして、社内で個人の起業提案を実現する「社内ベンチャー制度」、業務遂行の目標を個人に立てさせ自己管理させる「目標による管理」、同じく業務遂行の成果を個人に評価させる「自己評価制度」などがある。

さらに、福利厚生や労働時間・休暇については、各自のライフスタイルに合わせて多様なサービスを自主選択させる「カフェテリアプラン」、個人が社会的な貢献活動に参加することを認める「ボランティア休暇制度」、個人の勤労意欲・気分一新のための長期の「リフレッシュ休暇制度」、各自のライフスタイルに合わせるように、コアタイム（共通の拘束労働時間帯）を除き、出社と退社の時間を自由にする「フレックスタイム制度」、時間管理を働く個人にまかせる「裁量労働制度」などである。

これらの施策・制度は、個人の側の自主性・多様性・社会性を重視したものであり、個人が多種多様な生き方・働き方を「自由と自己責任」のもとで、自主的・自立的に選択できる（または選択させる）点に、共通の特徴がある。

(3) 自己責任のキャリア開発を求める働かせ方

近年の労働力市場の流動化との関連でとくに注目されているのが、キャリア開発の支援制度である。それは、個人の意思を尊重して自主的にキャリアプランを設計・実行させ、それを通じて人材を確保・配属する仕組みである。

この制度の特徴は、個人に、のちの章で述べる自分のこだわりとなるキャリアアンカー（職業意識・価値観）などを自覚させ、必要な職業能力の修得のための自己啓発を支援し、キャリアパスを自主的に選択させてモラールアップ（ヤル気の向上）を図

NOTE

り、企業組織に統合する点にある。つまり、それは個人の多種多様な人生観・価値観にもとづく生き方・働き方を自主的に選択させて動機づける施策である。

　これは、個人が企業組織の鋳型（いがた）に合わせる従来の画一的集団主義的システムではなく、企業組織の側が個人の自主性・多様性・社会性に柔軟に合わせる個人主義的なシステムである。つまり、個人の多種多様な価値観・職業意識にもとづく多種多様な生き方・働き方を自主的に選択させるものである。

第4節　まとめ

　わが国は、これまでの集団主義的社会から、ゆるやかな個人主義的社会に変化しつつある。企業組織では長期雇用の慣行が崩壊し、社会全体として労働力市場が流動化し、労働移動の時代になった。その結果、集団主義や会社主義から解放され、多種多様な「自立した個人」が生み出されつつある。つまり、「4Lの充実」によって動機づけられて行動する「社会化した個人」や「社会化した自己実現人」の登場である。

　そして、そのような個人は、自分のライフプランやキャリアプランに従った、多様な生き方・働き方による自己実現を求めている。そのため、企業組織の側は、個人の自主性・多様性・社会性を重視し、個人を「4Lの充実」で動機づけ、個人の多様なライフプランやキャリアプランをサポートしつつ、企業組織に貢献させる人材マネジメントを導入している。

《One Point Column》

「ヒューマン・リソース・サポート」への要請

かつての人事管理論や労務管理論は、「ヒューマン・リソース・マネジメント」（人的資源管理論）に変わってきましたが、われわれ編者が主張する「ヒューマン・リソース・サポート」は、企業よりも働く人びとを支援するものです。

(1) 本章の内容を要約してみよう。

(2) 本章を読んだ感想を書いてみよう。

(3) 説明してみよう。

① 集団主義とは、なんでしょうか。

② 個人主義とは、なんでしょうか。

③ 「労働力市場の流動化」とは、なんでしょうか。

(4) 考えてみよう。なぜ近年になって、長期雇用・年功序列の慣行が崩壊したのでしょうか、その要因について考えてみよう。

(5) 調べてみよう。あなたの身近な事例（もしくは Web で入手した情報）で、「会社を辞めて事業を立ちあげた人」のことを調べ、その人が会社を辞めた理由、事業を立ちあげた動機などを、具体的に紹介して下さい。

経営学のススメ②

経営（マネジメント）という仕事は、どのようなものか

　経営（マネジメント）という考え方を生みだしたのは、20世紀初頭のアメリカであるが、"getting things done through people"が古典的な定義にある。直訳すると、"ものごとを人びとを通じて行ってもらうこと"である。

　つまり、経営の主体である経営者・管理者（マネジャー）は、部下になる人びとの協力を得て、仕事（企業の場合、製品やサービスをつくったり、売る）をしてもらうことになる。部下の協力を得なければならないから、経営の仕事は部下への対応に集中している。

　経営学の父であるテイラー（F. W. Taylor）は、経営の科学化に貢献したが、経営という仕事については、ⓐ部下に遂行すべき仕事の割りあてをしっかり行うことと、ⓑ仕事をしっかり行ってもらうために、金銭の動機づけを部下に与えること、のふたつを提案している。

　皆さんがアルバイト先のマネジャーから、どんな仕事を行うのか、その仕事に対してどのくらいの報酬を支払われるのかを聞き、それを納得したうえで仕事を引き受けると思うが、これと同じことをテイラーは述べている。

　ところで、現在の企業や行政組織などでは、"plan－do－see（－action）"といった言葉を使って経営を説明することが多くみられる。これを日本語にすると、経営とは「計画し、それを実行し、その結果を評価・チェックし、（それにもとづいて新たな対応をとる）」ということになる。要するに、経営とは、このサイクルをまわしていくことであり、それができると、いい経営ができたことになる。マネジャーの仕事をこのようなものとしてとらえたのが、テイラーと同時代人である、フランスのファヨール（H. Fayol）である。

　ファヨールは企業などの組織レベルで経営を考えたが、このサイクルはわれわれ個人にとっても意味がある。皆さんにとって、ライフプランやキャリアプランをつくり、実行していくことが、いうまでもなく、大切であり、その際には、このサイクルを使うことが必要になる。

　以上が経営についての古典的な定義であるが、現代では、Planにかかわる意思決定（デシジョン）や経営戦略（ストラティジー）の策定が、経営の意味になっている。企業などの組織は環境がたえず変動するなかで活動しているので、それに対処しながら生きつづけるには、経営戦略が必要になるという。図書館や書店に行くと、経営戦略に関する多くの成果に出会うことができるであろう。

また、これに関連して、イノベーション（革新）が経営の重要な仕事であるという考え方も強くなっている。環境変化のもとでは、現状に甘んずることはできず、たえず現状を打破する（ブレーク・スルー）ことを考慮しなければならない。そのため、改善や手直し（リノベーション）を含めて、新たなものをつくりだしていくということが求められている。

　イノベーションは、天才だけに任すわけにはいかない。イノベーションを起こすような制度やカルチャーも大切である。「起業家精神」（アントレプレナーシップ）が日本では不足しているといわれるが、イノベーションを起こす姿勢は、とりわけ経営を担う人間には必要であろう。

　さて、時代は「グローバル化」であるという。国内にかぎってみても、雇用形態の多様化だけでなく、人びとの仕事・働くことに対する意識の変化などによって、企業の雇用する人的資源の多様化は進展している。グローバル化によって外国人の雇用が展開されるとすれば、人的資源管理（ヒューマン・リソース・マネジメント）への配慮がいっそう求められることになる。そして、経営には新たな意味が加えられるだろう。

　最後に、もうひとつの論点は、SR（社会的責任）や環境重視が、21世紀の重要な潮流になったことである。経営を担う人間には自社や自組織の理念・ビジョンを明確につくり、実際にSRを果たし、地球上の環境に配慮していくという志向性をもつことが、必要なのである。工業先進国として、企業の発展に貢献してきた日本の経営者には、この面でも世界のモデルになって、新興国をリードしてほしいと考えている。

（設問１）　経営（マネジメント）という仕事がどのようなものであるか、経営学の歴史をふまえて、自分の考えをまとめてみよう。

（設問２）　21世紀の経営者に求められる要件とは、なんでしょうか、まとめてみよう。

（齊藤　毅憲）

第3章
個人に求められる4つの能力開発

日本の企業社会は、近年大きく変貌してきた。経済のグローバル化や情報ネットワーク化が進展し、産業構造・企業組織・労働力市場が大きく変化し、その結果として、企業の組織運営や人材マネジメントは、個人の自律性・多様性・社会性を重視するものになってきた。一方、個人の生き方・働き方は、「自由と自己責任」にもとづくものになり、どのような分野においても「4つの能力開発」が必要とされている。
本章を読むと、以下のことが理解できる。
① 労働力市場の流動化が進展し、自分のキャリアのあり方を会社まかせにする時代は終って、自分のキャリアプランおよびライフプランを自己責任で設計・確立する能力が求められていること。
② 長期雇用や年功序列の慣行が崩壊したので、個人の側には、失業することなく転職・移動できるエンプロイヤビリティ（雇用されうる能力）の開発が求められていること。
③ ITの発展により、職場組織において情報ネットワークが張りめぐらされ、業務遂行の際に個人の自立性・裁量性に依存する部分が増加してきたので、個人の側には「労働と生活」における自己管理能力が不可欠になること。
④ 個人主義的で柔軟な人材マネジメントが普及し、労使関係が個別化して、「紛争」も個人別のものが増加したので、個人は「労働と生活」に関する権利を自分ひとりでも守れるような政治的能力が不可欠になったこと。

第1節　自分の職業人生を設計する「キャリアプラニング能力」

(1) 人材の流動化と個人主導のキャリア開発

現代の企業社会において、個人が自分の価値観・職業意識に応じた多種多様な生き方・働き方を自主的・自立的に選択していくには、なによりも自分の生き方・働き方を自分で設計する能力が必要となる。それは、キャリアプラニングとライフプラニン

グの能力である。

　近年の労働力市場の流動化の進展は、これまでの「大学を出たら、会社に入る」、「ひとたび入社したら、定年まで勤める」、「会社では、早く昇進することが幸せの道だ」といった画一的な会社中心主義の人生観から個人を解放している。また、「ひとたび入社した」者でも、経済情勢の変化や企業経営の事情で、出向・派遣・肩たたき・解雇などの選択を迫られたりする。

　しかし、他方ではヘッドハンティングされたり、あるいは起業・ベンチャービジネス・SOHO（スモールオフィス・ホームオフィス）に挑戦したり、積極的・自発的なスピン・アウト（またはオフ、退職）も多くみられる。

　このように、社会全体として人材の流動化・労働移動が大きく進み、個人が自分の価値観・職業意識をベースにした多種多様な働き方・生き方をするようになる。

　かくして、個人には男女を問わず、自分の価値観や職業意識を明確にし、自分の欲求・動機や目的・目標を自覚して、自分の「意欲と能力」を活かした働き方・生き方を計画的に追求する能力が不可欠である。つまり、いかに働くかというキャリアプランニング能力と、いかに生きていくかというライフプランニング能力である。

　いまや個人は「何をしたいのかわからない」、「どのように生きたらよいのかわからない」、「会社を離れたら何もできない」では通用しない。これからの人材流動化の時代においては、自分の生き方・働き方は自分で選択することが求められている。

(2)　求められるキャリアプランニング能力

　キャリアプランニング能力は、おおむねつぎのような手順で習得される。まず、自分が認識している人生観・職業観、つまり自分は何をしたいのか（自分の夢・欲求・動機）、何に価値を認めるのか（価値観）、自分の生きがいは何か、などを明確にする。これらは、人生の荒波にさらわれずに、自分をつなぎとめておく「碇」（いかり）であり、それは、第8章でも述べる「キャリア・アンカー」と呼ばれている。そして、自分のもっている能力・スキル・才能とは何か、自分の行動特性・性格・資質は何か、自分の長所・短所は何か、などを自覚する必要がある。

　つぎに、どのような働き方をしたいのかを明確にする。たとえば、プロフェッショナル（専門職）として技術的職業的な能力を活かすのか、ゼネラリストとして組織能力を活かすのか、独立自営の起業を目指すのか、などを選択する。

　さらに、自分のなかに育ちつつある成長の芽を見出し、新しい自分を創る具体的な

目的・目標の設定と、自分のキャリアビジョン、キャリアプランを明確にする。そして、労働力市場との関連で、キャリアビジョン、キャリアプランを修正しつつ、さらに能力開発・自己啓発する。

このようなキャリアプランニング能力やライフプランニング能力をもつことで、個人は人材流動化の時代の企業社会を生き残ることができる。いまや職業生活のみならず、家庭生活・社会生活の場においても、「あの人について行く」、「俺についてこい」の時代は終っている。つまり、会社主導の他律的なキャリア開発から、個人主導の自律的なキャリア開発に移行している。

個人が男女の性差に関係なく、自分の価値観を明確にして、自分で職業人生を設計するキャリアプランニングやライフプランニングの能力をもつようになれば、自主的・自立的な生き方・働き方をすることができる。この能力は、21世紀の企業社会を個人が生き抜くために必要な主体的条件のひとつである。

第2節　他社や他分野でも通用する「専門的な職業能力」

(1) 人材の流動化と雇用ポートフォリオ

個々人が、多種多様な生き方・働き方を自主的・自立的に選択し、自己の価値観や職業意識に適応したジョブ（仕事）を求めて生きていくには、第7章でも述べる、他社や他分野でも通用する専門的な職業的能力であるエンプロイヤビリティ（雇用されうる能力）の習得が不可欠である。

第9・10章でも述べるが、自分で会社を起こして事業を始める人、起業・ベンチャービジネスに挑戦する人は、なんらかの専門的な職業能力がないと何もできない。もちろん、個人が企業組織に就職して職務を行うにも、さらに他社や他分野に転職・移動するにしても、なんらかのエンプロイヤビリティは必要である。

近年、企業組織とくに大企業の場合には、一部のコア（中核的な）人材を除き、長期雇用を前提にしていないので、募集・採用時から「意欲と能力」のある「即戦力型の人材」を求める傾向にある。しかも、多くの場合は、第5章でくわしく述べる「自社型雇用ポートフォリオ」により、「必要な質の人材を、必要な時に、必要な量のみ雇用」しようとしている。パート・契約社員・派遣社員など、非正規雇用の従業員が増加したのは、これがひとつの理由である。

このような人材流動化・労働移動を前提にする時代においては、男性も女性も、年

長者も若者も、エンプロイヤビリティの習得と、そのための自覚的な自己啓発・能力開発が求められている。

(2) エンプロイヤビリティへの要請

ここに、「自分の人生は自分で切り開く」、「自分の幸せは自分で獲得する」という意識が生まれ、自律的な職業能力の開発への要請が強まる背景がある。近年、社会人やビジネスパーソンが、職業能力開発のためにビジネス系の夜間大学院で学習している。また資格を志向する人びとやダブル・スクーラーが増加している。そして、弁護士、公認会計士、不動産鑑定士、税理士、社会保険労務士、中小企業診断士、司法書士、行政書士などの専門的職業の「資格」に、多くの人が関心を寄せている。また、企業の側は個人のキャリア開発を支援する制度を導入し始めている。

就職試験の際に、資格は「ないよりは、あったほうがいい程度である」ともいわれる。しかし、企業内外で通用する高度な難関資格の取得者は、社会的な労働力市場において、「市場価値」により高く評価され、処遇されている。

このように、人材流動化・労働移動の時代において、個人が自分の生き方・働き方を自主的・自立的に選択して生き抜くには、エンプロイヤビリティの習得が必要である。この能力は、企業組織で働くにせよ、自分で起業するにせよ、これからの企業社会を生き抜くための不可欠な主体的条件のひとつである。

第3節　自分の労働と生活を「自己管理する能力」

(1) 情報ネットワーク化の進展と個人の自立性

個々人が、多種多様な生き方・働き方を自主的・自立的に選択して、これからの企業社会を生きていくには、自分の「労働と生活」を自己管理（セルフ・コントロール）できる能力が不可欠になっている。

自分で会社を起こして事業を始める人、あるいは自発的に会社を辞めてベンチャービジネスに挑戦する人には、自己管理能力がなければ、何もできない。しかし、企業組織のなかでも、この自己管理能力がないと、「労働と生活」をすることができなくなってきた。

近年のITの発展とともに、企業組織内には大規模な情報ネットワークシステムが張りめぐらされており、働く個人はそれと結びついて職務を行うようになった。そし

て、大規模な社会的ネットワークに組み込まれた個人は、全体業務のなかの細分化された部分業務を、相互の信頼関係を前提にして行っている。そこには、個人の自立的な判断や裁量にもとづく業務が拡大しており、個人の自主性・自立性・創造性・意欲・自覚・責任感が不可欠になっている。

たとえば、職場を離れた遠隔地で仕事をするテレワークや在宅勤務などが、その典型である。そこでは、自宅のPCと会社のPCが結びついており、朝の始業から、昼休み、そして夕方の終業に至るまで、一日の業務を自分の判断と裁量で行っている。そこでは個人の自主性・自立性・創造性・意欲・自覚・責任感が当然前提になり、各自の自己管理能力なくしては、業務遂行は不可能であるし、企業組織の目的達成もむずかしくなる。

また、企業経営の主要な事項・事案は情報ネットワークで管理・統制されているから、具体的な日常的業務の進め方や働き方は、個人の自己管理に任せたほうがはるかに効率的であり、低コストである。その結果、「毎日会社に出なくてもいいし、アルバイトをしてもいい」という会社が登場するのも、不思議ではない。

(2) 求められる自己管理能力

さらに、今後、裁量労働制・非出社労働・在宅勤務・テレワークなどがいっそう普及すれば、職業生活と家庭生活の時間的・空間的な区分はあいまいになり、したがって、個人は自分で「労働と生活」のバランスをとって、健康をそこなわないように24時間を自己管理する能力が求められる。もちろん長時間労働に対する法律的規制を強化する社会政策は不可欠である。

また、肉体とともに精神の健康管理（メンタル・ヘルスケア）も、企業側が行う管理とともに、個人の側も自己管理をしなければならない。今後、情報ネットワークシステムやITの大規模な導入とともに、「労働と生活」について、自己管理能力に依存する部分がますます増加する。

以上のように、現代の企業社会は、個人の自己管理能力が不可欠な前提条件になり、それにより社会的ネットワーク型の企業組織は存続・維持できる。したがって、自己管理能力のない個人は、職業生活においても家庭生活・社会生活においても、自主的・自立的に生きることは容易ではない。このように、21世紀の企業社会を個人が生きていくには、自分の「労働と生活」を自己管理できる能力がますます必要となる。

NOTE

第4節　自分の労働と生活の権利を守る「政治的能力」

(1) 法的権利の自覚と行使

　個々人が、多様な生き方・働き方を自主的・自立的に選択して、これからの企業社会を生きていくには、職業生活・家庭生活・社会生活などの場において、「労働と生活」に関する権利を自分で守るという政治的能力が求められている。

　自分で会社を起こして事業をしている人や自営業の人は、自分の「労働と生活」の権利を守るために、かりに同業者組合に参加したとしても、基本的にはみずから自覚的に行動する以外にない。また、企業組織のなかにあっても、自己管理的な裁量労働制が普及し、個人の自己管理による「労働と生活」が広く定着するのであれば、個人は、かりに労働組合に参加していても、「労働と生活」の権利については、基本的に自分で自分を守ることのできる能力が不可欠である。

　近年の個人主義的な人材マネジメントの普及は、労使関係の個別化を推し進め、その結果として、個別の紛争がふえている。そこで、女性差別・権利侵害・不当労働行為・セクハラ・パワハラなどについては、ひとりでも抵抗し、闘える「政治的能力」が不可欠となる。日本国憲法・労働法・雇用機会均等法などの知識を身につけ、法的政治的権利を自覚的に行使し、自分の政治哲学に従って行動しなければならない。

(2) 求められる法的知識と政治的能力

　この政治的能力は、人材流動化が大規模に進展し、個人が広い社会的フィールドのなかでキャリア選択するようになれば、なおいっそう要求される。その場合、個人は集団主義的な会社主義や、企業側の人事権を直接背景にした政治的制約から自由になる。そうなれば、近年注目されている「東京管理職ユニオン」や「銀行産業労働組合」などのように、個別企業の枠を越えた労働組合が多数生まれ、これまでの企業別労働組合のあり方も大きく変容するであろう。

　そして、会社主義の直接的な支配下にない「産業別労働組合」を前提にすれば、これまで黙認・軽視・放置されていた女性差別、セクハラ、サービス残業、不当労働行為、労働基準法違反などは、大きく規制される可能性がふえる。もしも労使協調主義を克服した労働組合が、企業の経済合理主義の強化に対して抵抗と規制の機能を回復し、政治的にめざめた個人が民主的な連帯を強化すれば、「人間尊重の思想にもとづく魅力ある職場」も実現できるであろう。

NOTE

以上のように、自営業に従事するにせよ、企業で働くにせよ、個人にはひとりでも闘い、交渉できる政治的能力が不可欠になっている。つまり、一人ひとりが民主主義者として政治的に自立し、自覚的に行動することが求められている。

　現代は職業生活の場でも、家庭生活の場でも、社会生活の場でも、「波風を立てずにがまんする」時代は終わった。一人ひとりの個人が、自分の「労働と生活」の諸権利を守るための政治的能力を身につけることが、自主的・自立的な生き方・働き方を確かなものにする。そして、この政治的能力もまた、個人が21世紀の企業社会を生き抜くために不可欠な主体的条件である。

第5節　生きるために学び、学ぶために生きよ！

(1) 学生時代に習得すべき最低限の能力

　現在、21世紀の企業社会を個人が生き抜くためには、以上で概観した4つの能力開発が不可欠となる。これらの能力の習得は、どのような分野で働こうと必要である。

　もちろん、求められる能力はこれだけではない。どのような道を選択するにせよ、以下のような最低限の共通する能力が求められている。

　1）コミュニケーション能力

　　他者の意見を正確に聴きとり、その内容を適格に把握する傾聴能力、それを受けて自分の意見を相手に正確に伝える自己表現スキル、正確に意思を伝える文章を書く能力、明確に意思を伝達できるプレゼンテーション能力、さらに外国語を習得し、異言語・異文化の人とコミュニケーションできる能力、などである。それは、「言葉のキャッチボール」ができ、相互に意思・情報を正確に交換できる能力である。これらは、ゼミナール・外国語クラスやクラブ活動で獲得できる。

　2）コンセプチュアルスキル

　　何が克服するべき課題であるのか、問題点を発見し、その問題が引き起こされた要因を分析し、さらに問題を解決するための政策を立案して実行する能力である。ゼミナール活動やクラブ活動において、この種の能力が得られる。

　3）基本的経営（マネジメント）能力

　　経営資源としてのヒト・モノ・カネ・情報などを組織目的の達成のために効果的に調整・運営する能力、組織のメンバーに適切な動機づけを提供して貢献活動

を引き出す能力、などである。これらの能力は、自覚的に取り組めば、ゼミナールやクラブ活動においても習得できる。

4）ソーシャル（社会的）スキル

組織のなかの相互間の葛藤や根深い不仲を解消して、いい人間関係を創出する能力、個人の内面の欲求・動機や気分・感情などを正確に把握する面談や面接の能力、個人の欲求不満の原因と解決策を本人に自覚・実行させるカウンセリング能力、などである。これらは、いい人間関係の構築、いい組織風土を生みだす能力であり、これもまた自覚的に取り組めば、ゼミナールやクラブ活動などにおいて習得できる。

5）テクニカル（技術的）スキル

パソコンなどの情報機器を操作する能力、情報機器を通じて情報処理する能力、ハードウエアに関する問題を解決できる能力などである。近年、多くの大学でこの種の能力開発のための科目を設置し、履修させているが、ゼミナールでの研究報告や卒業論文の作成過程において、その習得が不可欠になろう。

(2) **生きる武器としての知識・技能・教養**

以上のような能力は、いずれも充実した学生生活をすれば、だれもが習得できるものであり、こんにちの大卒に求められる最低限の「標準装備」であり、「基礎学力」、「人間力」、「社会人力」ともいわれている。これらは、生きるために不可欠な最低限の能力であり、先にみた４つの能力開発の基礎にある。

試験のための暗記型の勉強、単位取得のための勉強、成績向上のための勉強は、もはや終わった。これからは、一人ひとりの自分の人生を前向きに生き抜くための勉強、直面する人生の困難をみずから克服するための勉強、おおまかにいえば、自分の人生を自分自身で切り開くための、本当の勉強、つまり「生き学」が求められている。

その意味では、所属する各学部学科の専門科目・教養科目のすべてが、卒業後に従事する職業・職務において必要となる知識・技能・教養・常識である。これらのすべてが、必ず皆さんの将来の人生の支えになるであろう。

一部に「講義の内容がよくわからない」、「なんのために学ぶのかわからない」という人もいるかもしれない。自主的・自立的に努力・勉学して、知らなかったことを知った自分、わからないことがわかった自分、できなかったことができるようになった自

分を発見することは、実に楽しいことである。自分で自分の成長を自覚できることほど楽しいものはない。勉学の楽しさや仕事の楽しさは、本来的には、マグレガー（D. McGregor）もいうように、スポーツや遊びの楽しさとなんら変わるものではない。

　学生時代において、どれだけ自主的・自覚的に勉学し、自分の能力の開発に取り組めたかどうか、これが大きな岐路になる。学生時代に身につけた知識・能力・技能・教養は、それがどんなものであれ、将来のあなたの人生を必ず大きく支えることになるであろう。

第6節　まとめ

　以上、本章では、近年の日本の企業社会の変化との関連から、個人に求められている「4つの能力開発」について考察した。

　すなわち、①労働力市場の流動化が進展し、労働移動の時代になったので、自分の生き方・働き方を自分で設計するキャリアプラニング能力が求められる、②企業は労働移動を前提にしているので、「意欲と能力」のある即戦力型の人材が不可欠となり、他方で個人には他社や他分野でも通用する職業能力・エンプロイヤビリティの開発が求められる、③大規模な情報ネットワークと協働システムの登場により、業務遂行の際に個人の自主性・自立性が不可欠になり、「労働と生活」、「仕事と暮らし」の自己管理能力が求められる、④労使関係の個別化が進展し、個人別の紛争も増加しており、「労働と生活」に関する権利を、自分で守る政治的能力が求められる。

　これらの能力を自己責任で開発することが、21世紀の企業社会を生き抜く人びとに求められている。とすると、皆さんが学生時代になすべきことはもはや明らかであろう。

《One Point Column》

中国語学習を行おう！

日本と中国との経済関係が深まるなかで、企業においては中国語へのニーズが急速に高まっています。英語の学習はグローバル時代にあっては当然でしょうが、若い人びとには中国語を学習することが求められています。

(1) 本章の内容を要約してみよう。

(2) 本章を読んだ感想を書いてみよう。

(3) 説明してみよう。

① キャリア・プラニング能力とは、なんでしょうか。

② エンプロイヤビリティとは、なんでしょうか。

③ 自己管理能力とは、なんでしょうか。

(4) 考えてみよう。近年になり、職業生活の場において、働く人びとの自己管理能力が不可欠になったのはなぜでしょうか、その要因について考えてみよう。

(5) 調べてみよう。現代日本の勤労者（雇用されて働く人）の平均勤続年数を、男女別・世代別・雇用形態別に調べ、その特徴を列挙してみよう。

経営学のススメ③

企業内で行われている主要な職種とは?——「職能論」をめぐって——

　企業内では、思った以上に多種多様な仕事が行われている。それは、現場で働いている担当者にヒアリングしてみると、容易にわかる。現場で類似あるいは関連している職種または業務をひとくくりにしてグループ化し、グループ化できないものについては、そのなかでまた同じようにグループ化して、別のグループをつくることにする。この作業を何回か行うことにより、主要な職種・業務のグループが整理・分類される。

　この主要な職種・業務のグループは、経営学では「職能」といい、組織内でこれを担う単位（ユニット）を「職能部門」と名づけてきた。たとえば、製品を研究開発・生産・販売しているメーカー（製造企業）の場合、かつては生産、販売、財務、管理などが主な職能であった。

　このなかで生産（部門）はメーカーの中心的な職能であり、工場における製品の製造（部品の生産と組立、生産工程の設計と管理）だけでなく、資材の調達と管理、製品の検査（品質管理）などの多数の業務からなっていた。現在では、研究開発（部門）は生産（部門）とは別個の職能として独立しているが、かつては生産の一部として位置づけられていた。

　つぎの販売（部門）は営業・マーケティング（部門）などともいわれているが、これにはセールス・パーソンによる販売活動、広告などの販売促進、流通業者を仲介する交渉業務などがある。

　そして、どの業種にも必要となる財務（部門）は、資本の調達と運用、資金の管理、財務諸表の作成と分析などの業務からなっている。さらに、管理や総務（部門）は、経営戦略を作成したり、そのための情報収集（調達活動）を行ったり、人員計画の作成と実施にかかわったり、ステイクホルダー（利害関係集団）に対する広報活動や社会的責任（SR）に配慮するなど、企業全体の経営にかかわる業務を行っている。

　さらにいえば、IT（情報技術）が各職場で導入・活用され、情報ネットワークが全社的に構築されているが、これをコントロールする情報システム（部門）が独立の職能（部門）になっている企業も多い。また、グローバル対応も、現代の企業にとって重要な課題になっている。日本企業には、国際競争力の強化が求められるとともに、少子高齢化などで国内マーケットが縮小するなかでは、海外マーケットの開拓にともなう国際部門がどうしても不可欠になっている。

　ここでは職能をメーカー中心に考えたが、業種が異なると、主要な職能にもちがいがでてくる。小売業の場合、メーカーとは異なり、生産という職能はなくなる。ユニクロ

のような製造小売業（SPA）は、販売だけでなく、製造にも関与しているが、多くの小売業は販売することが中心であり、どのような商品を仕入れるかというマーチャンダイジング（部門）や、どのようなメディアを使って広告するのか、どのように商品を陳列（ディスプレイ）するのか、といった広告宣伝（部門）が主要な職能になる。

　そして、財務（部門）は小売業にとっても主要な職能である。さらに、管理や総務（部門）も同じように大切な職能であるが、顧客に対するサービス、店舗や在庫の管理をどのようにするのか、きわめて膨大な商品を合理的に仕入れるためのシステムづくりや物流システムの確立など、小売業固有の課題を解決しなければならない。

　第6章の本文で日本経済新聞社などの事例を紹介するが、業種によって主要な職能にちがいがある。財務、管理・総務、販売などは、おおむねどの業種にも共通して必要であるが、ちがいがあることを認識する必要がある。もっとも、よく観察してみると、同じ業種でも、企業により差異があるといってよい。一般に、病院は患者の治療にあたっており、それが目的であり、主要な職能であるが、大学病院はこれ以外に、医学の研究と学生の教育を大切な職能としている。いうまでもなく、大学病院においては、医学の発展に寄与するとともに、将来の医師を育てることが重要な任務になっている。

　皆さんが大学でつくっているクラブでも、同じようなことはある。親睦や人間的交流が大切である場合、チーム力や個人の力を高めて「勝利」することを目標としている場合、あるいは大学の授業にあまり興味がもてないので、その代わりとして楽しい「居場所」をつくりたいという場合もあるだろう。そのちがいによってクラブの主な職能は、明らかに異なってくる。

（設問1）　あなたが社会に出て活躍したいと思っている業種をいくつかとりあげて、その主要な職能がどのようなものかを調べてみてください。
（設問2）　皆さんの参加しているクラブやサークルの組織図を描き、どのようなことが目的になっているかを明らかにしてください。

（齊藤　毅憲）

第4章

現代企業の変貌と自律型人材への期待

　経済のグローバル化や情報ネットワーク化の進展は、日本の企業社会のあり方を大きく変貌させ、企業における従業員のワーキングスタイル、つまり「働き方」、「働かせ方」に地殻変動をもたらし、これまでの日本型雇用システムを崩壊にみちびいた。
　すなわち、長期雇用の慣行が崩壊し、年功主義(年功賃金と年功序列)は成果・業績主義へと移行し、さらに安定的な職場秩序を維持してきた「企業別労働組合」は機能不全におちいっている。これらは、日本的経営の「三種の神器」と評されたが、いまや大きく揺らいでいる。
　このような動向のなかで、企業の求める人材モデルも変化してきた。これまでのような会社に滅私奉公する「会社人間」ではなくて、自立と自律を満たす人材が求められている。つまり、他者に依存せず自律的に仕事をし(自律)、自分のキャリア開発を会社まかせにせず、みずから積極的・能動的に取り組む(自立)人材である。
　本章を読むと、以下のことが理解できる。
① 企業が従業員に自立と自律を求める背景には、経済のグローバル化と情報ネットワーク化の進展があること。
② 求められる人材とは、以下のような人材である。それは、(a)自分の動機にもとづいて自分で判断し、意思決定し、目標を達成できる人材、(b)自分の生き方・働き方を自分で決定できる人材、(c)自分で自分の能力開発ができる人材、(d)自分の仕事を自分で管理できる人材、(e)自分の暮らしを自分で管理できる人材、(f)自分の権利を自分で守れる人材、である。

第1節　企業を取り巻く環境の変化

(1) 経済のグローバル化

　世界経済のグローバル化が加速したのは、1980年代末からであった。そのきっかけのひとつは、1989年にマルタで開催された米ソ首脳会談における東西冷戦の

終結であり、さらに、もうひとつは中国が1987年に自国の経済を自由化する最初の一歩を踏み出し、その後、広く資本主義市場経済のシステムを採用したことであった。

このふたつの動向は、それまで資本主義体制と共産主義体制で二分されていた経済圏を、ひとつの大きな自由市場に統合した。その結果、そこに40億人規模の巨大な市場が出現したのである。そして、このグローバル市場を手に入れたのは、文字どおり世界を股にかけて「活躍」できる多国籍企業といわれる大企業であった。

市場で勝者となれるのは、世界レベルの最先端の技術をもち、世界中の消費者のニーズに応じることのできる企業であり、その代表はアメリカ企業である。一方で、優秀な労働力をもつ発展途上国の企業も、その可能性をもっている。低賃金・低生産費を活かした中国企業がその代表である。

これに対して、日本企業は優秀な技術を有するものの、「ガラパゴス化」と、さらには日本型雇用システムがもたらした高人件費体質のために、世界市場での勝者とはいえない存在となった。それは、よくいわれる「失われた20年」にも示される。

また、東西冷戦の終結は、「新自由主義改革」という新たな課題も提起した。新自由主義とは、「強力な私的所有権、自由市場、自由貿易を特徴とする制度的枠組みの範囲内で個々人の企業活動の自由とその能力とが無制限に発揮されることによって人類の富と福利が最も増大する」と主張する政治経済的実践の理論である（David Harvey, *A Brief History of Neoliberalism*, 2005. 渡辺治監訳『新自由主義：その歴史的展開と現在』作品社、2007年、10ページ）。

この新自由主義が求める改革は、大企業の負担低減を目的とした法人税減税と、それに代わる消費税の引き上げなどであり、「規制緩和・構造改革」のもとで行われた一連の施策である。それと同時に進行するのが、「労働法制の改革」であり、大企業自身のコスト削減を目的にした正社員の削減と非正社員の拡大である。

この新自由主義の台頭のなかで、「ジャパニーズ・ドリーム」を実現していた日本の大企業は、大きな変貌をとげる。バブル経済の崩壊による1990年代前半における資産価格の崩壊が、多くの大企業に対して経済的打撃を与え、この時点での日本型雇用システムへのインパクトは、正社員の解雇ではなくて、新卒採用の縮小・中止という形で表面化する。その結果、就職できない若者が大量に生みだされ、彼らは「ロスト・ジェネレーション」（ロスジェネ）と呼ばれた。

その後、1998年以降になると、長期雇用を前提にしていた正社員の大量解雇と

いう事態にも進行していく。この長期雇用慣行の崩壊は、それまでの年功主義(年功賃金と年功序列)から成果・業績主義への移行をともなっていた。それと同時に、企業が丸抱えしていた福利厚生や教育訓練などの施策も大きく変貌する。

このような大企業の動向は、企業内労働組合を中核とした職場内の労使関係にも影響を及ぼした。長い間安定していた日本独特の職場内労使関係が崩壊し、職場内の秩序は乱れ、それに代わる制度が見当たらない状況になっている。

こうした事態の影響は、大企業の男性正社員にだけでなく、中堅・中小企業においてもみられた。さらには、働く女性にも影響が及んでいる。それまでの日本型雇用システムでは、女性は「結婚適齢期」には退社し、その後は、家庭の主婦として男性正社員を支える役割を担わされていた。

つまり、男性には企業での長期雇用が保障され、女性は家庭で家事を担うという性別役割分業が固定化する。そして、女性の一部には、結婚や出産によって退職し、育児が一段落した時点で主婦パートとして労働市場に復帰するという、いわゆる「M字型」就労が一般化した。

そして、日本型雇用システムの崩壊は、さらに新たな問題を生んでいる。女性の高学歴化の進展は、経済的な自立を促進したが、晩婚化とあいまって、少子化の一因になってしまう。

さらに、男性の長時間労働や「仕事と家庭の両立」の困難さのなかで、多くの女性は非正規雇用を選択せざるをえなくなっている。現状では、雇用労働者の約4割は非正規雇用であるが、女性に限定すれば、半数以上が非正規雇用である。これも、新自由主義の構造改革のもたらした帰結である。

(2) 情報ネットワーク化（IT化）の進展

IT化とは、パソコンやインターネットなど情報技術（Information Technology, IT）の急激な進化・普及がもたらす変化のことであり、Communicationをあいだに入れてICT化という場合もある。その影響は、「企業間の関係」と「企業組織の再編成」という2つの点に及んでいる。

つまり、IT化は業務・業容の専門化を強化し、他方では企業の分割化をうながしている。たとえば、インターネットを利用してグローバルに事業展開すれば、取り扱う製品やサービスを少数のものにしぼっても（専門化）、それを価値あるものに変えることができる。また、このような業務の専門化が進めば、これまで統合されていた

企業を分割することもできる。

　そして、この専門化した企業が競争力をつければ、外部資源の活用（アウトソーシング）や他の企業とのパートナーシップの締結が行われ、これまでの企業間関係や企業間の境界線が不鮮明になる。それとともに、企業組織の再編成も進展する。

　また、この間のIT化の進展の基礎には、コンピュータの驚異的な性能向上がある。それにともない、そこに従事する人間の「働き方」の意味も変容している。たとえば、コンピュータ業界では、長い間コンピュータというハードウェアが価値を提供するというハードウェア主体の考え方をベースに、その使用方法の伝授に主眼がおかれていた。しかし、現在では、ハードウェアを介したサービスの提供こそが価値を生むという、サービス主体の考え方が主流となり、ソフトウェアも含めた活用方法に主眼がおかれるようになっている。

　このサービス主体の考え方では、「ソリューション・ビジネス」、「サービス業化」という言葉が示すように、顧客に対して、経営課題の解決の方法を伝授しなければならない。このように、ハードウェアの質も当然であるが、解決策を提示できる社員の質、つまり提供するサービスの質（クオリティ）が大きく問われている。

　また、IT化の進展により、企業組織は再編を迫られている。これまでの組織は、ピラミッド型の階層組織をとっていた。そこでは、組織の頂点をトップ・マネジメント層が占め、底辺には多数の一般社員がおり、その間を中間管理職が占めるなど、階層数の多い情報ネットワークが構築されていた。

　ところが、IT化の進展は、組織のあり方をピラミッド型組織から、階層数の少な

図表 4-1　マネジャーとリーダーの違い

	マネジャー	リーダー
活動特性	決められたことを確実に実行する	新しい価値を創造する
期待される役割	管理者	変革者
特性	複製されたコピー	個性あるプロフェッショナル
人間関係	上司と部下	リーダーとプレイヤー
スタイル	指示と命令	信頼、納得と感動
人事の主眼	能力の適正配置	能力の最大発揮
行動特性	正しい方法で行う	正しいことを行う
求心力	ルールと評価	ミッションとビジョン

（出所）松永達也「学習する組織への変革」『ProVISION』No. 46、2005年、8ページ。

NOTE

いフラット型組織へと大きく変容させてきた。いまや、社内のイントラネットやeメールは、これまでのピラミッド型に階層化された情報ネットワークを不要にし、中間管理職の役割を相対的に縮小させると同時に、その役割を変化させている。

図表4-1は、マネジャーとリーダーのちがいを示しているが、中間管理職の役割は、まさにこの表のマネジャーとしての役割から、リーダーとしての役割に変化している。この変化は、仕事の第一線で働く社員に対し、管理職に頼ることなく、自分でスピーディに判断し、自分の責任で意思決定・行動することを強く要求することになる。

第2節　求められる自立と自律

ここでは求められる人材を、自立と自律という2つの点から考察する。ここでいう「自立」とは、従業員が会社依存から脱却することを意味し、「自律」とは上司などに依存しないことで、「他律」の対極にある。

(1) 企業の考える自立型人材

経団連『活力と魅力溢れる日本をめざして』（2003年2月）によれば、「自立した個人」とは、多様な能力と価値観を開花させた個人のことである。すなわち、「個人の多様な価値観、多様性を力にする」、「『公』を担うという価値観が理解され評価される」、「『精神的な豊かさ』を求める」、「多様性を受け入れる」という4点を理解し、その実現にむけて努力する個人のことである（56ページ）。そして、多様な能力は格差のある処遇によってむくわれ、それが経済の活力になるとされる。

経団連会長であった奥田碩は、自立した個人とは「国家や地域社会、企業などの一員として、自らすすんで責任を果たし、公との『健全な依存関係』を築いていける個人」（奥田碩『人間を幸福にする経済』PHP新書、2003年、9ページ）であり、「サラリーマンなど組織に属する人であっても、その中で役割を担い、社会に付加価値を提供することによって、立派に自立した個人」（同上）になれるという。

要するに、会社に依存した会社人間から脱却しているのが、自立した個人である。企業はさまざまな施策を通して、社員を「丸抱え」することをしない（できない）ことを、わが国を代表する経営者団体のトップが宣言したのである。

こうした自立した個人を活用する際の原則について、経団連はつぎのようにいう。

「労働市場においては、これまで一般的とされてきた、一つの仕事、一つの企業で能力を高めていく働き方を選ぶ者ばかりではなく、職業の能力を高め、外部労働市場においてもっとも自身の職業能力が発揮される職場や仕事を選ぶ者もふえてくるであろう。こうしたなかで、報酬は成果に基づくものにシフトしていく。当然、個人は報酬に応じて期待される役割を果たしていくことが求められる」(『活力』、56ページ)。

さらに、奥田はつぎのように補足する。「多様な個人が、安心して多様な働き方を選択でき、働きに応じて報酬を得られるしくみをつくっていかなければなりません。従業員を、共通の目標、価値観、嗜好を持つマスとして一律に扱うのではなく、多彩な個性を持つ個人として尊重」することが求められる(前掲書、95ページ)。この主張に異議をはさむ必要はない。自立した個人を活用するには、そのライフスタイルに適応した、多様な働き方を準備する必要がある、との指摘も当然である。

ただし、奥田はつぎのようにもいう。「多様な個人の意志を尊重する企業活動を進める上では、労働組合などとの集団的な関係だけでは不十分です。企業はそれぞれの従業員と正面から向かい合っていかなければなりません。それを可能にするのが、企業と個人との間の『信頼』です。企業と従業員との関係を一種の契約としてとらえ、互いにそれに基づく義務と責任を果たしていく」(同上)のである。

この指摘は、企業と従業員との間に「信頼」が構築されていれば、労働組合との集団的な関係は、それほど意味をもたないとも読める。そうであるならば、弱い立場にあるひとりの個人が、企業との間で結ぶ「契約」とはどのような性格のものになるのか。「自立」したひとりの個人には、何よりもそうした契約がどのようなもので、どのような本質をもっているかを見抜く能力が求められる。

(2) 自律型人材における「自律」

現在、働く個人に求められているのは、上司の指示を待って動くという他律的な働き方ではなくて、自分で判断し、意思決定し、行動できる自律的な働き方である。

ここで、自律と他律の違いを野球とサッカーを例にみておこう。野球とくに高校野球の場合、バッターボックスにいる選手は、相手投手の投球ごとに監督のサインを確認している。つまり、高校球児は監督(他者)の指示のもとでプレーしている。これが、他律的が意味することである。そして、上司の指揮・命令のもとで働く部下も、他律型人材の典型である。

一方、サッカーでは、ピッチに立った選手は瞬時に自分で判断することを求められ

る。ボールがくる直前に、監督のサインを見る余裕など一切ない。選手に求められるのは、ひらめきや独創的な発想であり、自分で自分をコントロールするプレーである。自律型人材とは、そうした働き方ができる人材のことである。

　では、現在、なぜ自律型人材がとくに求められているのであろうか。前節で取りあげたように、IT化の進展のもと、多くの人びとはコンピュータを通した情報ネットワークのなかで働いている。これまでは、ピラミッド型の情報伝達ラインがあった。それは、「経営トップ→部長→課長・係長→主任」といった階層のなかで、情報は上から下へと流れており、自分よりも上位にいる管理職の指揮・命令のもとで働くのが一般的であった。

　しかし、社内のイントラネットやeメールを活用する情報ネットワークによって、情報の共有化が可能となり、これまでのタテ型の情報伝達ラインを不要にしている。その結果として、組織構造はピラミッド型からフラット型のもの（いわゆる「なべぶた型組織」）に移行している。したがって、組織の末端にいる人びとも含め、日常的な業務の多くは上位の管理職の指示に頼ることなく、自律的に判断し、意思決定し、行動することが求められる。つまり、業務遂行が個人の裁量に任せられる部分が拡大している。

　自律型人材とは、このような働き方のできる人材のことである。人間の行動は、動物などの本能的な行動とは根本的に異なり、自分自身の頭のなかで目的と結果をあらかじめ想定し、その目的を自身が描いた方法で達成し、当初の想定と結果の違いをチェックし、そうすることでつぎの行動に活かす。これが、人間の本来の働き方であろう。その意味では、自律型人材は、本来の人間労働を取り戻した働き方ができる人材でもある。

　一部の工場の組み立て作業の現場でみられるように、人間が機械のスピードに合わせて働き、手足の動かし方もマニュアルで決定されることは、本来的な労働のあり方ではない。オフィスでも管理職の一元的な指揮・命令のもとで、一方的に「言われたとおりにせよ」という他律的な働き方では、勤労意欲やモチベーションは向上しないばかりか、企業の業績にも大きな影響を及ぼすであろう。

　働く側の自律性を尊重するほうが、はるかに生産性を向上させると認識している経営者もふえており、自律型人材の育成に熱心になっているし、そのような資質を有する人物の採用を重視し始めている。

第3節　自律型人材を支える制度

　現在、多くの企業で「自律型人材」を前提にした人材マネジメントが行われている。それが、入社時から退職時まで、どのようにかかわっているのかを概観しておこう。

　これまでの新卒4月の一括採用では、「就社」という言葉が示すように、入社時に自分の行う仕事が特定されて入社することはなかった。ところが、昨今では、「職種別・部門別採用」という形で、入社後の仕事をあらかじめ特定して採用する制度が登場している。そこでは、働く側が自分のスペシャリティ（専門性）を明確にしておくことが前提となる。

　さらに、「コース別管理」、「限定勤務地制度」や、管理職をめざさない「専門職制度」など、多様な働き方やキャリアコースをあらかじめ選択できるようにもなっている。つまり、これらの制度のもとでは、働く側がどのような働き方をしたいのかも明確にしておくことが前提になっている。

　また、新入社員の研修については、会社主導のもとで採用者一律に行われる場合が多かったが、現在では「ニーズ研修」といったかたちで、個人主導のもと、各自が自主的・自覚的に能力開発に取り組むことが求められる。自分の能力開発は、自分の責任で行うものとみなされているのである。

　そこでは、どのように能力を磨いて、企業、ひいては社会に貢献するのか、自分のキャリアビジョンを自分で考えることが求められている。そうした自律型人材を、企業は「キャリア開発支援」というかたちでサポートしている。たとえば、能力開発に必要な経費を補助したり、リフレッシュ休暇などで能力開発のための時間を提供・保障したりしている。

　自己責任で能力開発に努力すれば、「社内公募制度」や「社内FA制度」を使って、自分のやりたい仕事にチャレンジする機会が与えられる。かつての「自己申告制度」とは異なり、このふたつの制度で異動することは、それほどむずかしくはない。ただし、自由に手をあげて応募することが認められる代わりに、その意思決定に自己責任がともなうことはいうまでもない。ここでも、個人の側の自律性が要求されている。

　さらに、テレワークや在宅勤務では、家庭の事情などに合わせて、働く場所を選択できる。また、フレックスタイム制は、コアタイムという、職場の全員がそろって働く時間は職場ごとに設定されているものの、働く時間帯を個人の生活事情に応じて選

択できるものである。いずれの制度も、個人の自律性と自己責任が前提になっている。

最後に、定年退職時にも、自分の体力や処遇の仕組みを考慮しつつ、そのまま辞めるか、雇用延長するか、再雇用に応募するか、を選択できるようになっている。

このように、採用段階から、入社後の働く分野・場所・時間など、業務遂行の全般にわたり、働く個人の側の自律性が前提になっている。つまり、「自律型人材」であることが、現在の企業社会では、採用や働く際に必要になっている。

第4節　まとめ

20世紀には「他律型人材」が求められ、会社に滅私奉公する「会社人間」が評価された。そこでの働き方は、しばしば自己犠牲や長時間労働を強いられ、最悪の場合は過労死(過労自殺)に至るなど、必ずしも人間らしいとはいえないものであった。そのような状況を、21世紀の人びとは理解しにくいかもしれない。

この他律型人材の対極にあるのが、「自律型人材」である。経済のグローバル化や情報ネットワーク化などの環境変化のなかで、企業は自律型人材を求め始めている。多くの企業で、採用時から退職時に至るまで、個人の側の自主性・自律性・責任・意欲・能力を前提にした制度が導入され、業務が行われている。

働く側の「自由と自己責任」の比重は大きくなるが、それは、本来の人間労働を手にすることができることでもある。とはいえ、制度があるだけで、自律型人材になれるわけではない。それは、個人が自分の働き方・生き方を明確にして、自分を律することにかかっている。それには種々の知識・技能が必要となり、これからの時代はそうしたことをふまえ、新しい目線で経営学を学ぶ必要があろう。

《One Point Column》

2枚目の名刺をもとう！

皆さんは、社会で仕事を行うようになると、所属や担当職名、ポストなどを表示した「名刺」をもつようになる。これからの時代は本業だけでなく、それ以外の活動を行い、社会貢献することが期待されている。こうなると、2枚目の名刺が必要となる。

(1) 本章の内容を要約してみよう。

(2) 本章を読んだ感想を書いてみよう。

(3) 説明してみよう。

① 他律型人材とは、なんでしょうか。

② 自律型人材とは、なんでしょうか。

③ 新自由主義とは、なんでしょうか。

(4) 考えてみよう。近年になり、なぜ多様な意味での自律型人材（自律人モデル）が求められるようになったのか、その要因について考えてみよう。

(5) 調べてみよう。あなたの興味・関心ある企業の事例（もしくは Web で入手した情報）で、「自律型人材を支える制度」の導入の状況・動向を調べ、その特徴を列挙してみよう。

経営学のススメ④

21世紀のビジネス・モデルと働き方
――遠山正道のスマイルズ社の事例――

　21世紀の企業や働き方は、どのようになるのであろうか。能率・効率や流行（ファッション）を追い求めたのが、20世紀のビジネス・モデルであったが、21世紀になって、社会的意義や創造性のあるビジネスや仕事が大切になるというのが、スマイルズ社の経営者・遠山の思想と実践である。効率性の追求と社会性の追求とは、一見すると無関係と思われる事業展開であるが、それを通じて、世の中の体温をあげたいという。この遠山の試みを『日本経済新聞』（2015年5月22日、夕刊）は、以下のようにいくつか紹介している。

　スープ専門店「スープストックトーキョー」は、女性が安心して入店でき、ひとりでも長時間楽しむことができるファストフード店があってもいい、との考えから出発している。ただし、そのコンセプトは、安ものではなく、素材を厳選して、約90種類の「食事として楽しめるスープ」の提供である。これまで画一的になっていたスープの味への疑問からつくられている。

　リサイクルショップ「パスザバトン」も、同じように既存のコンセプトに対する疑問から始まっている。これまでの多くのリサイクルショップでは、未使用に近い新品には高い価格がつけられているが、それは、使い古されたモノよりも新品のモノに価値を認めていることを示している。しかし、出品者の思い出を商品につけ加えることにより、新たに価値が生みだされ、古いものでも高い価格で売れたという。使っていた人の物語が商品に入ることで価値が創造され、それにより、高価なアンティークとただ同然のフリーマーケットとの間に、別の新しい市場が生まれたことを、パスザバトンは示している。

　スマイルズ社のもうひとつの事業事例は、カラフルなネクタイを陳列した「ジラフ」である。この店舗のコンセプトは、「サラリーマン一揆」である。ネクタイはビジネスの場では着用が不可欠で、しかも首をしめつけられているといったイメージがあるが、このイメージを変えたいという。ジラフ、つまりキリンのように、首を高く伸ばし、遠くを見るために、みずからすすんでしめるものにしたいとしている。

　要するに、自己主張のできるネクタイがあってもいいのではないか、そして、仕事以外の場でも着けたくなるようなものができないか、というのがサラリーマン一揆の意味である。同社では、女性のデザイナーがこのようなネクタイを考案している。

　スマイルズ社は、遠山の前職である三菱商事における初の社内ベンチャーで、これを

独立会社にしている。以上の３つの事例にみられるように、既存の企業・事業や商品に対する疑問から出発して、新しいコンセプトをつくり、事業を立ちあげている。そして、これによって、世の中（社会）の体温をあげる（元気にする）ことを目指している。

　現在、同社には約270名のヒューマン・リソース（人的資源）が雇用されているが、遠山は、これらの人びとが自分の思いや考えをビジネスにしていけるように支援したいと思っている。３つの事例に示された、社会的意義や創造性のあるビジネス・仕事を行って、生活価値の拡充・充実を果たし、世の中の体温をあげることが同社の目標とするところであり、さらにそれを推進していくことを期待している。

　ファミリーレストラン「100本のスプーン」の開店も、そのひとつである。そのコンセプトは、子ども用がメニューは大人と同じであるが、ボリュームを大人の半分にしていることである。そのちがいのなかで、子どもが背伸びをしたくなったり、大人に対して憧れをもつようにしむけた店舗にしている。

　スマイルズ社は、働く人たちの思い、やりたいことを大切にし、それを支援し、ここ３年間で50の事業を立ちあげることを目標にしている。問題は、新たな事業に顧客やユーザーが共感（シンパシー）をもってくれるかどうかであるが、生活価値の拡充・充実を感じる人びとが、同社を支援してくれるのではないかと考えている。そして、この支援によって社会の体温があがることになる。

　おそらく21世紀は、工業先進国から新興国へと、この体温をあげるという試みが広まっていくことになるであろう。皆さんにも、このような会社づくりにかかわってみることをおすすめしたい。

（設問１）　スマイルズ社の事例から、どのようなことを学習しましたか。
（設問２）　社会の体温をあげていることを、他の事例で考えてみてください。また、あなたの自分のアイデアを紹介してください。

（齊藤　毅憲）

第5章
新たなワーキング・スタイルの登場

 皆さんは、だれでも卒業すると、社会に出てさまざまな進路を歩むことになるが、一般に、多くの人は会社に就職するであろう。そして、会社で働いて給料・賃金を受け取り、そのお金で生活に必要な商品を購入し、日々の生活を維持している。
 会社にとっては、働く人びとをどのように採用して活用するか、この人材マネジメントのあり方が、企業の存続だけでなく、発展を左右する。同時に、それは働く人びとの職業生活に大きな影響を与えることになる。
 この章では、日本企業の働かせ方・働き方、つまりワーキング・スタイルがどのように変化してきたのか、その歴史的な発展と近年の動向について考える。
 本章を読むと、以下のことが理解できる。
① 「長期雇用」、「年功序列」、「企業別労働組合」という、日本的経営の「三種の神器」（さんしゅのじんぎ）の特徴と、その適用範囲が限定されていたこと。
② 「年功序列」による処遇の行きづまりから、職能資格制度を軸とした「能力主義管理」という新しい管理体制に移行したこと。
③ 「コース別雇用管理」や「雇用ポートフォリオ」といった新しいモデルが登場し、雇用形態が多様化したこと。
④ 個人の自主性・自律性を尊重する働き方の仕組みが導入される一方で、企業の業績に対する貢献が評価され、重視されるようになったこと。

第1節 日本的経営の「三種の神器」

 第二次世界大戦後（1945年）から高度成長期を経て、日本企業とりわけ大企業を中心に成立した雇用慣行が、「長期雇用」、「年功主義」、「企業別労働組合」である。この日本的経営の「三種の神器」のもとに、人材の採用・配置・処遇の仕組みが構築されていた。「三種の神器」とは、歴代の天皇が皇位の標識として受け継いだ3つの宝物のことであるが、ここでは、それにたとえて3つの重要な構成要素という

意味である。

(1) 長期雇用の特徴

「終身雇用」ともいわれてきた長期雇用とは、ひとたび正社員として会社で採用されると、定年で退職するまでその会社で働き続ける、というものである。一般に「終身」とは死ぬまでの意味であるが、当時は「人生50年」といわれた時期であったので、55歳定年は「終身雇用」でもあった。そして、終身雇用のもとでは、会社は雇用を保障する代わりに、個人は会社の指示に従って、どのような仕事にも従事することが求められた。

しかし、この終身雇用はあくまでも雇用上の慣行であって、雇用契約や労働協約によって明文化された制度ではない。しかも、それは「大企業の大卒男性正社員」という一部の人びとに限られた慣行にすぎなかった。しかし、高度経済成長を背景にして、ひとつの企業（グループ）に長期間に働き続けることが多かったため、社会的には「終身雇用」制度が存在するかのようにみられたのである。

(2) 年功主義の特徴

そして、終身雇用のうえに、年齢・勤続年数・学歴などの個人的な要素を重視した「年功主義」の人事制度が定着する。賃金は従業員が生活できるかどうかという「生計費」が重視され、若い時には低賃金でも、定年まで長期間働けば、加齢とともに上昇した。

また当時は、生産工程など職場の自動化・情報化が進展していなかったので、勤続年数が長いほど、仕事上の経験・知識・熟練が蓄積され、技能が向上することとなった。そのため、若手とベテランの従業員の間には、比較的明確な能力格差が生じやすかった。学歴についても、当時の大学進学率が10～20％であったので、年齢や大学卒といった個人的な要素が、そのまま個人の能力格差として認識されていた。

その結果、年齢・勤続年数・学歴などを基準にして、係長・課長・部長などという職位（役職ポスト）が付与され、それに応じた賃金・給与を支払ってきたのである。こうして、定年までの長期雇用を前提にして、「年功主義」の処遇が定着していく。

(3) 企業別労働組合の形成

また給与が勤続年数や学歴で決まることから、たとえ同じ仕事を担当していても、

NOTE

個人によって給与が異なっている。そのために、「同一労働、同一賃金」にはならず、その結果、組合は、外部労働市場が発達し、仕事で給与が決まる欧米のような職種別労働組合や産業別労働組合ではなく、ひとつの企業内だけで組織される「企業別労働組合」という形態となった。

　この企業別労働組合は、経営危機への対処や人事異動に関して、経営側と交渉するなど、一定の成果をあげてきた。しかし、給与や労働時間といった労働条件の改善については、経営側に配慮し、協力的になってしまうので、十分な成果をあげたとはいえない。

(4) 適用が限定された「三種の神器」

　この「長期雇用」、「年功序列」、「企業別労働組合」は、当時の日本的経営の「三種の神器」といわれたが、運用や適用の範囲は、かなり限定されていた。

　男性は同じ正社員でも、長期雇用を前提として基幹的な業務を担当する一方、女性は短期雇用が前提とされ、接遇や書類整理などのサービス・補助的な業務を担当した。また、男性には管理・監督職への昇進を前提とした教育訓練を行いながら、他方、女性には十分な教育訓練を行わず、多くの場合、結婚をきっかけに退社することが求められた。このような公然とした男女差別は、1980年代なかばに男女雇用機会均等法が施行されるまで続いたのである。

　このように、日本型の雇用管理は、あくまでも「大企業の大卒男性正社員」をモデルとした仕組みであった。

第2節　年功主義から能力主義管理へ

(1) 能力主義へ

　1970年代になり、日本の経済成長が停滞し、産業構造も大きく変化する。そして、企業にはきびしい経営合理化が求められた。とくに、高度経済成長期に大量採用した従業員の人件費が上昇したので、コストの増加傾向を抑制し、企業の国際競争力を維持することが求められる。

　また、肥大化した中高年層につける職位（役職ポスト）の不足を解消しつつ、彼らをどう処遇するかが急務となった。その結果、これまでの年齢・勤続年数を重視した年功主義的な制度の改革と再編が急がれた。

こうして誕生したのが、職能資格制度を軸にした能力主義の人事制度である。そして、このようなシステムが、現代の日本企業における人事制度の基盤を広範囲に形成している。

(2) 職能資格制度の概要

現在、日本企業の人事制度には、職位（部長、課長、係長、主任などの役職ポスト）による職務権限にもとづく「役職序列」と、資格（理事、参与、参事、主事など）による「資格序列」がある。一般に「昇進」とは職位が上位職に、「昇格」は職能資格制度における資格（職能資格）が上位資格に上がることを意味している。つまり、日本の企業では、「役職」と「資格」を区分して運用している。

そして、役職と処遇には対応関係がなく分離されており、処遇は役職よりもむしろ「職能資格制度」における資格によって決められる。つまり、企業内における人事序列は、職位によって位置づけられるだけではなく、一人ひとりの職務遂行能力に対応する資格によっても決められている。そして、各職位・役職には、それに対応した職能資格が設定されており、なんらかの役職につくには、それに対応する職能資格への昇格が必要とされている。

また、職能資格は職務遂行能力の段階区分を示し、これには仕事の困難度や責任度を基準にして、階層ごとに発揮することが期待・要求される能力が設定・規定されている。そして、これをもとにして個人の評価（人事考課）を行い、その結果を昇進・昇格や賃金・賞与などに反映させている。さらに、評価の結果を、配置転換や人事異動あるいは能力開発の指標として用いている。

第3節　複線型雇用管理の展開

(1) コース別雇用管理の導入

1980年代の日本経済は低成長の時代となり、「重厚長大」といわれる重化学工業中心の産業が、情報やサービス産業中心の「軽薄短小」の産業へと、産業構造が大きく変容した。それとともに、企業内では、生産現場やオフィスの自動化・情報化が進展する。また、生活水準の向上により、働く人びとの意識が多様化するなど、企業のおかれた経済的・社会的な環境も変化している。

さらに、1986年には男女雇用機会均等法が成立するなど、性差別的な雇用管理

NOTE

の見直しを求める機運が高まった。その対応策として、80年代後半から、大企業のホワイトカラー部門を中心に、「コース別雇用管理」という複線型雇用管理が普及する。これは、仕事内容や労働条件を複数のコースに区分し、募集・採用時にコースを選択させ、そのうえでコース別に異なる処遇を行う制度である。

　コース区分として代表的なものは、①仕事内容を限定せず、将来的には上級管理職への昇進も可能であるが、遠隔地転勤もある「総合職」コース、②定型的な補助的業務に従事し、転勤もないが賃金や昇進などの処遇が一定範囲にとどまる「一般職」コース、③専門的な仕事に従事し、特定地域内の転勤がある「専門職」コース、などがある。なお、コース別雇用管理については、つぎの第6章を参照されたい。

(2)　「雇用ポートフォリオ」の導入

　さらに、バブル経済崩壊後、経済のグローバル化の進展とともに、日本経済が低迷期に突入した1990年代後半から、「雇用ポートフォリオ」という新たな複線型雇用管理の導入が進められた。これは、一方において正社員を少数精鋭化しつつ、他方でパートタイマーやアルバイト、契約社員、派遣社員などの非正社員の積極的な活用を目指すという、複線型の雇用管理である。

　それは、経済の低迷期において、経営戦略の転換や人件費の増大に対応して、正社員だけでなく、非正社員も含めた多種多様な労働力を「必要な時に、必要な量だけ」調達し、質的・量的に最適な組合せを行うことを可能にする。具体的には、雇用する従業員を「長期蓄積能力活用型」、「高度専門能力活用型」、「雇用柔軟型」の3つのグループに区分して処遇した。

　まず、長期蓄積能力活用型は、長期雇用という考え方のもとに雇用され、具体的には、管理職、総合職、技能部門の基幹職を担っており、正社員を想定している。

　つぎに、高度専門能力活用型は、企業が抱えるさまざまな問題に対して、専門的知識や経験、技能によって問題解決にあたるものの、必ずしも長期雇用を前提としていない。具体的には、企画、営業、研究開発などの専門部門を担い、処遇は問題解決や企業への貢献によって評価された年俸制や業績給で行われる。

　さらに、雇用柔軟型は、定型的業務から専門的業務まで、多種多様な内容を担当する有期雇用の従業員である。一般職、技能部門、販売部門などの仕事が想定され、処遇は従事する仕事に対応した職務給などが考えられている。

　以上のように、企業は雇用する従業員を3つに区分・分化している。基幹的業務

に従事する正社員（長期蓄積能力活用型）を、これまで以上に少数にし、その一方で、有期雇用契約の従業員（高度専門能力活用型と雇用柔軟型）の比重が増加している。

　この３つの活用型により、企業は事業内容の変化など、自社の必要に応じて従業員の入れ替えや人員削減を容易にできるようにした。そして、各企業は規模や事業内容などの特性に応じて、自社の経営戦略にもっとも適合した雇用制度を構築するため、これらの雇用グループを組み合わせた「自社型雇用ポートフォリオ」を導入・活用している。

　「コース別雇用管理」は、正社員における働き方の多様化を示している。それに対して、「雇用ポートフォリオ」の多様性は、正社員と非正社員を組み合わせたものである。そして、このような雇用ポートフォリオの導入は、働く人がひとつの会社における正社員としての働き方だけでなく、自分の専門能力を生かしたキャリア形成や、自分のライフ・スタイルを重視した、会社にしばられない自由な生き方の選択を可能にすることを示している。

第４節　雇用形態の多様化

　「雇用ポートフォリオ」にみられる雇用形態の多様化は、短期雇用を前提とした非正社員を増加させている。現在、非正社員の雇用は、大きく分けると、企業に「直接雇用」される社員と、「間接雇用」される社員の２つに区分される。前者の直接雇用は、主にパートタイマー、アルバイト、契約社員などである。一方、間接雇用には、派遣社員、請負企業社員がある。

(1) 直接雇用の方法

　パートタイマー（パート）とは、パートタイム労働法の第２条で定義される「短時間労働者」のことをいう。１週間の所定労働時間は、同一の事業所に雇用されている正社員と比べて短い。法律上はパートとアルバイトという区別はなく、条件を満たせば名称は異なっても、すべて短時間労働者となる。

　また、パートは必ずしも有期雇用とは限らない。パートの仕事には、正社員の補助的業務や軽作業を担当するというイメージがあるが、近年では店舗の責任者や職場の指導係など、管理や指導、判断業務を担当するケースもふえている。

NOTE

つぎに、契約社員とは、一般的に雇用期間に期限が定められているが、多くの場合は正社員とほぼ同じ勤務時間（フルタイム）で仕事を行っている。契約期間は、原則3年以内（高度な専門知識・技術・経験などを有する者、満60歳以上の者を雇用する場合は5年以内）と規定される。通常、仕事の内容や働き方は、パートよりも正社員に近い水準が求められる。

(2) 間接雇用の方法

派遣社員とは、人材派遣会社（派遣元）に雇用され、この派遣元から契約を結ぶ企業（派遣先企業）に派遣され、この派遣先から指揮・命令を受けて働く人びとのことである。

1985年に労働者派遣法が制定された当時、派遣労働の対象となる業務については、ソフトウェア開発や機械設計、通訳などの専門的な13業務に制限されていた。のちに26業務にまで拡大されている。その後、1999年、2003年の改正により、対象業務については、①建設業務、②港湾業務、③警備業務、④医療業務などを除き、原則自由化されて、現在に至っている。派遣期間については、専門的な26業務であれば期間に制限はなく、その他の業務についてのみ派遣期間の上限は原則1年（最長3年）とされてきた。

しかし2015年の派遣法改正により、すべての業務について派遣期間の上限が見直され、派遣先の事業所における同じ職場で働けるのは3年が限度とされた。その一方、派遣元には派遣労働者の雇用安定化やキャリアアップのための教育訓練、派遣先で働く人びととのバランスのとれた待遇を行うことが義務づけられた。

また、請負企業社員とは、発注者からの特定業務を請け負う企業に雇用されて、その企業の指揮・命令のもとに、発注元の企業で仕事を行っている。この場合、発注元の企業には、請負企業の社員に対する指揮・命令の権限はない。

しかしながら、請負社員を受け入れる場合に生じる法律上の義務や責任を回避する手段として、発注元の企業が、しばしば請負企業の社員を自社の指揮・命令のもとで働かせるという「偽装請負」（偽装派遣）が、社会問題となった。

さらに、個人請負とは、個人が独立の事業主として、発注者との間で契約した仕事を請負って仕事を完成させる。発注者は、完成した仕事の対価として、請負料（委託料）を個人事業主に支払う。この個人請負は、フリーランスとか、インディペンデント・コントラクターなどとも呼ばれている。

個人請負は、通常の労働契約と異なり、個人事業主として発注者と契約を結んで仕事をするので、基本的に勤務時間や休日に拘束されず、自分の裁量で仕事ができる。しかし、事業主として労働基準法の適用外となるため、雇用保険や年次有給休暇などはない。

第5節　新しいワーキング・スタイルの時代へ

「コース別雇用管理」や「雇用ポートフォリオ」など、雇用管理や雇用形態の多様化の動向は、新しい「働き方」と「働かせ方」の時代の到来を示している。それは、ひとつの企業に長期に「会社人間」として仕える働き方・生き方から、自分のワーキング・スタイル、ライフ・スタイルにあわせた働き方・生き方を選択できるものになったともいえる。

また、現在では、正社員としての働き方も変化している。たとえば、以前は配属先や異動先は、一般的に人事部門や事業部門の責任者が決めていた。しかし、近年、人事異動や配置転換の決定に、本人の希望を重視する、あるいは本人の希望・意思にもとづいて行う企業が増加している。

先進的な企業では、人事異動について希望を申請する「自己申告制度」、従業員自身の応募で異動を行う「社内人材公募制」、自分自身を他の部門に売り込む「社内FA制度」、さらに、仕事そのものを従業員自身が社内で創造する「社内ベンチャー制度」による新規事業の開発・支援制度などの導入が進められている。

さらに、技術革新と情報化の進展、経済のサービス化などの結果、これまでのように仕事の進め方や手段、時間配分などを、上司が具体的に指示することが困難な業務が増加している。すでに、1987年の労働基準法の改正により、専門業務型（研究開発・情報システムの開発など）と企画業務型（本社などの中枢部門における企画・立案・調査および分析業務など）の2種類の仕事の遂行については、個人に委ねることができる「裁量労働制」の導入が可能となった。

この裁量労働制は、仕事の成果を労働時間で測定することが困難な非定型的業務に従事するホワイトカラー（管理職、営業職、企画開発職など）の管理に適した制度とされている。その結果、従業員には仕事の遂行方法に自主裁量が付与される代わりに、労働時間の長さではなく、仕事の成果や実績によって働きが評価され、処遇が決まるようになっている。

NOTE

以上のように、現在、企業における「働かせ方」と「働き方」は、従業員の自主性・自律性を尊重する方向にある。そして、働き方の選択肢と仕事の自由裁量の範囲は拡大しており、その結果、個人が担当する職務で果たした役割と、企業業績への貢献度が重視されている。このように、業績によって評価・処遇する成果主義・業績主義という新しい人事制度への移行が進んでいる。

第6節　まとめ

　現代の企業社会においては、正社員として就職すれば、定年まで雇用が保障される時代ではなくなった。日本の企業は、それぞれの時代のさまざまな経営課題を解決するために、雇用のあり方を変えてきた。

　すなわち、年功主義から能力主義へ、そして成果主義・業績主義的な制度へと移行してきた。現在では、個人は、企業が期待する仕事上の役割を果たし、企業業績に貢献して、はじめて評価される時代になっている。

　そして、雇用管理と雇用形態の多様化は、たしかに個人の生き方・働き方の選択肢を広げるが、一方、自己選択にともなう自己責任を増大させている。「選択の自由」が広がることは、会社に束縛されないという意味で自由ではあるが、同時に「なんの保証もない」という意味の自由でもある。

　「労働移動の時代」になって「労働力市場の流動化」が進むなかで、働く個人は自分のキャリアは自分で開発することが必要になっている。いまや、会社が「丸抱え」して、なんとかしてくれる時代は終わった。今後、21世紀の企業社会で働く個人には、自分の生き方をつらぬくために、会社と対等に向き合える実力や能力を習得することが求められている。

《One Point Column》

「ゆう活」の利用

働き方が多様化する中で、朝は7時台に出勤し、夕方は4時過ぎに退社して、その後の時間を有効に利用しようという働き方があります。朝の時間帯の利用は以前からありましたが、近年の動向は「ゆう活」です。あなたが社会人なら、なんのために？

(1) 本章の内容を要約してみよう。

(2) 本章を読んだ感想を書いてみよう。

(3) 説明してみよう。

① 「終身雇用」とは、なんでしょうか。

② 「年功主義」とは、なんでしょうか。

③ 「雇用ポートフォリオ」とは、なんでしょうか。

(4) 考えてみよう。働く者にとって「長期雇用」(「終身雇用」)のメリットとデメリットは何でしょうか、また雇用する側にとってのメリットとデメリットとはなんでしょうか、考えてみよう。

(5) 調べてみよう。日本全体の人口に占める雇用形態別（正社員・パート社員・契約社員・派遣社員・嘱託職員など）の男女労働者数や、その比率（割合）などを調べ、その特徴を列挙してみよう。

経営学のススメ⑤

組織のフラット化は、どうして起こるのか

　企業などの組織のフラット化は、情報技術（IT）によって発生する。つまり、企業が導入する現代の技術（テクノロジー）がフラット化をもたらしている。

　フラットとは、英語で"flat"であり、「平ら」であるから、フラット化とは、平らなものにするという意味である。具体的には、組織に階層が少なく、背の低い構造である。その反対が、トール（背の高い）組織であり、階層の多い組織のことをいう。

　それでは、なぜフラットになり、トールになるのであろうか。同じ従業員数で考えてみよう。組織リーダーひとりあたりの部下の数を多くすると、組織の階層は少なくなって、フラットになり、逆に部下の数を少なくすると組織の階層は多くなり、トールになる。前者のフラットな組織は、書道で使う文鎮（ぶんちん）に形が似ていることから、文鎮型組織ともいわれ、後者のトール型の組織は官僚制組織（行政や軍隊組織など）とか、「ピラミッド型組織」ともいわれてきた。

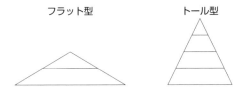

　経営学における組織の研究では、長い間、トール型の組織の有効性が主張されてきた。経営者などのトップ層の人びとが企業の重要な意思決定を行い、下位の人びとはそれを実行する。これをトップ・ダウンという。上位と下位の関係は厳格な上下関係であり、命令と服従の関係が支配している。そして、意思決定が経営者レベルで行われるので、「集権的な経営」とか、「集権化」といわれた。

　しかし、時代はフラット型の組織が求められるようになり、意思決定は下位の現場を中心に行われる「分権的な経営」や「分権化」への期待が高まっている。

　組織のフラット化はITの影響である。職場にITが導入され、従業員たちがこれを利用するようになったので、直接上司に接触しなくても、情報・知識を共有することができ、それによって仕事を行える。したがって、上司も部下に直接会って協議したり、説明することが少なくなり、部下の数を増加させることができるようになった。

　部下の人数をどうするかは、古典的な組織研究では、「統制の範囲」（スパン・オブ・コントロール）とか、「管理の限界」といわれてきた。これは、部下の数がある一定以上になると、上司は部下をうまく管理（コントロール）できないという考え方である

が、ITの活用は部下の数を多くしたために、結果として組織の階層は減少し、フラット化をもたらした。

とはいえ、分権化が実際にどのくらい進展しているかについては、あまり明確ではない。意思決定を現場にかなりの程度までゆだねること、別のいい方をすると、権限の委任（委譲）は、これまで経営者の考え方やそれまでの組織の風土や慣習などが大きくかかわっているのかもしれず、ITの活用によって、組織の階層が減少しても、大切な意思決定はトップ周辺が行うことであると経営者が考えているとすれば、分権化や権限の委任はそれほど進まない。

しかし、環境の変化がはげしく、その変化にスピーディに対応しなければならないところでは、分権化をおしすすめることが必要となる。変化は、全社的な判断を求められるトップよりも現場で認識され、問題の重要性や対応の方法なども、現場のスタッフの認識に依存せざるをえなくなるので、分権化は当然となる。

もうひとつ考えておかなければならないのは、働く人びとの全体的な能力向上であり、これがフラット化や分権化をおしすすめている。働く人びとの多くが高学歴者となり、専門的な知識やスキルをもっているので、現場への権限の委任は可能になっている。実際のところ、エンプロイヤビリティへの意識も強まっており、能力の向上がはかられてきている。

職場に配属された最初の時期は、学習の段階であるが、一定期間を経過して仕事に慣れてくると、信頼して仕事を任すことができるようになる。このように、信頼して仕事を任せられる人的資源（ヒューマン・リソース）が職場の多数を占めれば、権限の委任は可能となり、部下の数を増やすことにつながるのである。

（設問１） スモール・ビジネス（小さな企業）では、経営者と従業員が直接接触して仕事をしているが、従業員が多くなると、それができなくなって階層をつくることになる。そこで、「統制の範囲」という考え方が、どのようなものかを調べてみてください。

（設問２） 近い将来、わが国では労働力、人的資源の供給が不足するといわれているが、これに対処するために、企業はどのような経営を行い、どのような組織をつくらなければならないと考えますか。

（齊藤　毅憲）

第6章
現代企業の雇用管理とキャリアデザイン

　現代日本の企業社会は、「ゆるやかな個人主義的な社会」に変容しており、企業の対応も、労働移動を前提にした個人の側の自主性・多様性・社会性を重視したものに変わろうとしている。このような動向を反映して、雇用管理のあり方も大きく変化している。その特徴は、企業の側の「どのような人材を、どのくらいの人数、いつ雇用したいか」というニーズと、雇用される個人の側の「いつ、どこで、どのような仕事をしたいか」というニーズとの、両者を考慮・統合したものである。

　したがって、個人は「何をしたいのか」、「どのような仕事をしたいのか」などの「欲求と目的」を自覚しつつ、身のまわりの激変する社会環境に適応したキャリアデザインをみずから行うことが不可欠になっている。いまや個人は、自覚的なキャリア開発を行うことで、これからの企業社会を生き残ることができる。

　本章を読むと、以下のことが理解できる。

① 近年の企業における人材の募集・採用の方法の代表例は、「職種別・部門別採用」、「勤務地限定採用」、「コース別採用」の3つであること。

② これらは、いずれも企業の側の「人材の流動化」ニーズと、個人の側の「自主性・多様性・社会性」ニーズの両者を重視していること。

③ 個人は自分の生き方・働き方およびキャリアビジョンを明確にすれば、人材募集に応募できるし、就職・転職もできる。つまり、個人が企業社会を生きていくには、みずからがキャリアをつくるというキャリアデザインの考え方が不可欠であること。

第1節　雇用管理の複線化・多様化

　企業が人材を募集・採用する方法は、採用を予定する人材の質・量・時期との関連で、多様になっている。つまり、「どのような能力をもつ人材を、どの時点において、何人採用するのか」などの企業の雇用方針や雇用形態との組合せにより、募集・

採用の方法や制度も多種多様である。

　圧倒的多数派である正規従業員（正社員）の募集・採用には、さしあたり新卒を一括採用する。その場合、3月卒業の学生を年度初めの4月に入社させるのが、一般的である。これは新卒採用であるが、近年、既卒や第二新卒の採用も普及している。いずれも、企業による直接雇用であり、そこでは正規雇用が前提にされている。

　それ以外に、パート、アルバイト、契約社員などの非正規従業員の採用も増加している。いわゆる「雇用ポートフォリオ」の考え方にもとづき、「必要な人材を、必要な時に、必要な量だけ雇用する」という傾向が進展するなかで、全体として非正規雇用の従業員が増加している。

　しかしながら、少子高齢化の進展で日本の労働人口が減少しているので、長期的な視点から、これまでの非正規雇用を正規雇用に転換・変更する動きや、さらに人材確保の視点で、当初から正規雇用を増加させるという動きもみられる。

　また、派遣会社より派遣される労働者の場合には、派遣先の会社の指揮・命令・管理のもとで職務を行うが、雇用されるのは派遣会社であるから、派遣先からみると、非正規の間接雇用になる。

　採用の時期については、多くの場合は、新卒一括採用を前提にした4月入社だが、9月卒業を前提にした10月入社もみられる。そして近年では、既卒・第二新卒をはじめ、広く多様な人材を新年度に限らず随時採用する「通年採用」、「中途採用」、「キャリア採用」も増加している。

　また、募集・採用の制度・方法もさまざまになっている。つまり、労働力市場の流動化、雇用形態の多様化が進み、また働く側の職業意識・価値観・ライフプランも多様化するなかで、雇用する側のニーズと雇用される側のニーズとの両者をともに充足する制度・方法が導入されている。

　たとえば、入社後に従事する職種をあらかじめ限定して採用する場合もあるし、さまざまな職種を体験させることを前提にした採用もある。勤務地についても、あらかじめ限定したエリア内での勤務を前提にした採用もあるが、全国的な遠隔地転勤を前提にしたものもある。

　このように、近年では雇用管理の複線化・多様化がすすみ、個人の生活事情や欲求・動機に、柔軟に対応する制度や方法が普及している。ここでは、「職種別・部門別採用」、「勤務地限定採用」、「コース別採用」などの事例を取りあげて、その特徴を把握しておきたい。

NOTE

第2節　職種別・部門別採用の仕組と特徴

(1) 重視する個人の希望職種

　一般に、新卒者の場合は4月に一括採用し、採用後に本人の適性や希望を考慮しつつ、人事部の判断で配属・異動を決める。それは、個人にさまざまな職種を経験させようとする企業側の対応である。

　それに対して、職種または部門ごとによる採用とは、入社後に従事する職種、あるいは配属する部門をあらかじめ限定し、それを前提にして募集・採用する制度であり、個人側の専門性を重視した対応である。この制度のもとでは、入社後に他の職種・部門にシフト（移動）することは原則的にありえないので、ひとたび採用されれば、「希望した仕事につける」ことになる。

　つまり、採用する側は希望する能力をもつ即戦力型の人材を採用できるし、応募する側も入社後すぐに希望する職種につけるというメリットがある。近年において、このような制度が増加している。

　ここで職種とは、一般に職務（ジョブ）と同義のものであり、業務とか仕事を区分する概念である。事務職の場合には、人事・経理・法務・管理・営業・広報・宣伝・企画などである。また、技術職の場合は、研究開発・技術開発など、そして現業職の場合は、運輸・保安・店頭販売などである。なお、職種よりもやや広義の区分概念として、「部門」「職群」という場合がある。

　職種や部門の内容や比重は、業種・業容により大きく異なっている。流通業であれば、営業・広告・宣伝などの職種の比重が大きいし、それに対して製造業であれば、製造・研究開発・技術開発などの職種の比重が大きくなる。

　職種または部門ごとに採用することは、特定の職種・部門の仕事をしたいという個人側のニーズと、専門性を重視したいという企業側のニーズの両者にこたえるものである。ここでは、応募する側の入社後に従事する職種・部門があらかじめ限定されるので、応募時点において自分の職業能力・専門性・志望動機など、キャリアデザインが明確になっていることが不可欠である。

(2) 職種別採用の具体例

　以下では、具体的にいくつかの企業の事例を、各社のHPでみてみよう。

　たとえば、日本経済新聞社の場合、職種が「記者部門」、「業務部門」、「デジタル部

門」の3部門に分類されている。記者部門は、記事の取材・執筆に従事する一般記者、写真・映像取材の記者、記事の表記チェックなどの校閲記者の職種で構成されている。

　また、業務部門は、販売・広告営業、経理・人事総務など、管理の職種で構成されている。さらに、デジタル部門は、ウェブサイトの企画・編成・開発、データベースの企画・開発・営業、各種システムづくりの情報技術の職種で構成されている。

　同社の募集・採用は、この3部門ごとに行われるが、応募する側は異部門との併願ができないので、あらかじめ自分の専門性や能力をよくみきわめてから、応募する部門や職種を選択することが前提になっている。また採用する側も、応募者の能力・専門性が、予定される職種や部門にマッチしているかどうか、をみきわめることになる。

　つぎに、三菱UFJリサーチ＆コンサルティング社では、部門が大きく「政策研究事業本部」と「コンサルティング事業本部」に分かれている。前者は、地球温暖化関連分野、地球政策・国土政策分野、公共経営分野、情報通信分野、金融分野で構成されている。そして、後者は、銀行コンサルティング室、革新支援室より構成されている。

　同社では、この2部門ごとに募集・採用するので、リサーチ分野を志望する者は前者に、コンサルティングを志望する者は後者に分かれて応募することになる。それぞれ個人の能力・専門性・適性が重視されるので、ここでもあらかじめキャリアデザインを明確にしておくことが求められている。

　さらに、日清紡では、「事業別採用」で行っている。事業ごとに分社化しており、「繊維」は日清紡テキスタイル社、「自動車用ブレーキ」は日清紡ブレーキ社、「紙製品」は日清紡ペーパープロダクト社、「精密機械」は日清紡メカトロニクス社、「化学品」は日清紡ケミカル社、「新規事業」は日清紡ホールディングス、「エレクトロニクス」は新日本無線社が、それぞれの事業を担当している。

　日清紡ホールディングスがグループ全体を統括し、採用活動を行っており、入社後5年間在籍したのちに、各社に出向させている。したがって、とくに技術系の応募者は、自分の専門性に適合したと思う事業（分社）を選択して応募に臨むことになる。

　このように、「職種別・部門別採用」は、専門性を重視した即戦力型人材を不可欠とする企業・事業所に多く取り入れられている。応募する側は、採用されれば、すぐに「やりたい仕事」に従事できるが、それだけに、応募する時点で職種や部門にふさ

NOTE

わしい意欲・能力・専門性をもっているかどうかが問われることになる。つまり、キャリアデザインが明確になっていることが前提である。

第3節　勤務地域限定採用の仕組と特徴

(1) 重視する個人の希望勤務地

これは、個人が入社後に勤務する地域をあらかじめ限定しておき、その地域内で勤務することを前提にして募集・採用する制度である。遠隔地などの広域転勤が困難で、特定地域内での勤務を希望するニーズが近年高まっており、この制度は、そのような個人側の事情や要求に企業側がこたえたものである。

地域をどのように分けるかという地域区分のやり方は、企業規模の大小によりさまざまである。全国的に事業を展開する大企業の場合には、国内を、北海道エリア、東北エリア、関東甲信越エリア、東海エリア、関西エリア、中国エリア、四国エリア、九州エリアなど、大きく複数エリアに区分する。また、たとえば関西地区の小規模な企業の場合には、京都地区、滋賀地区、大阪地区、兵庫地区、奈良地区、和歌山地区などに区分している。

どの地域での募集・採用であろうとも、入社後の処遇は、基本的に変わらないのが一般的である。ただし、この制度では、すべての社員を対象にする場合と、特定の職種に限定する場合があり、それにより処遇は異なっている。

また、地域限定勤務で期限を定めない企業もあるが、全国的な規模で事業展開する企業の場合には、入社後数年間に限定することもある。このような企業にあっては、職種によってはキャリアを積むなかで、管理職クラスへの昇進とともに広域の転勤・移動が避けられないからである。

(2) 勤務地限定採用の具体例

たとえば、武田薬品工業の「初任勤務地限定制度」では、対象職種と期間を限定した勤務地限定の新卒採用を行っている。応募の際に、特定地域での就職を強く希望する者で、MR（医療用医薬品の営業）の職種に限り、希望する勤務地エリアでの配属・勤務を前提に採用をしている。

そして、入社後5年間の移動はなく、5年を目安に人事ローテーション（移動）を行っている。対象となる地域は、東京・大阪・名古屋などの大都市圏は除外して、

北海道エリア、北東北エリア、南東北エリア、甲信越エリア、北陸エリア、中国エリア、四国エリア、北九州エリア、南九州エリアの9つであり、その場合の処遇や福利厚生に差異はない（同社HP）。

また、日東電工は、茨木事業所、東北事業所、関東事業所、豊橋事業所、亀山事業所、滋賀事業所、尾道事業所からなるが、それぞれの地域の事業所で、地域限定採用として新卒採用・キャリア採用を行っている（同社HP）。

さらに、マックスバリュ九州では、新卒採用・キャリア採用とは別に、中途採用として「地域限定社員採用」を行っている。同社は、福岡県、佐賀県、長崎県、大分県、熊本県、宮崎県、鹿児島県、の7つの地域別事業部からなり、各地域内での勤務を条件にして中途採用している。採用後は、各地域内で自宅から通勤可能な店舗に勤務する。地域内の転勤はありうるが、転居がともなうことはない（同社HP）。

このように、勤務地限定採用の場合においても、個人の側には自分の人生観・職業観を確立し、いかに働き、生きていくかのプランを明確にすることが必要となる。

第4節　コース別採用の仕組と特徴

(1) 求められるコースの事前選択

コース別採用は、コース別雇用管理（「複線型雇用管理」ともいう）を導入している企業が行っている方法である。このコース別雇用管理は、職務の内容、遠隔地転勤の有無、昇進・昇格の有無など、労働条件・雇用要件が異なるキャリアコースをあらかじめ複数設定しておき、それぞれのコースで募集・採用・配置・処遇する制度である。具体的なコース区分は、一般に、「総合職コース」、「一般職コース」、「専門職コース」など、2から4つに区分されている。

総合職コースは、おもに基幹的業務や企画業務など総合的判断を要する業務に従事し、原則として転居をともなう遠隔地転勤があるとされる。また、管理職への昇進・昇格の可能性もある。

これに対して、一般職コースは、定型的な補助業務に従事し、原則として転居をともなう転勤はなく、管理職への昇進・昇格の可能性もない。そして、エリア総合職コースがあり、総合職に準じる業務に従事し、総合職に準じる昇進・昇格があるが、原則として転居をともなう転勤はなく、「準総合職」とも呼ばれている。これらのコースは、女性を対象にすることが暗黙の前提になっている。

NOTE

専門職コースは、昇進・昇格、転勤範囲ともに、前述の総合職コース、一般職コースの中間であり、システムエンジニアなど専門的な特殊技能の持ち主に対する処遇コースである。これ以外にも、運輸・保安・店舗販売の分野では、「現業職コース」などを設定する場合もある。

このように、コース別雇用管理は、異なる労働条件・雇用要件のキャリアコースをあらかじめ複数設定して募集・採用・処遇する。したがって、応募する側は、自分のキャリアプランやライフプランをあらかじめ明確にしておかないと、どのコースを選ぶべきかも分らず、応募することもできなくなる。

(2) コース別採用の問題点

なお、総合職コースには、これまで多くの場合、転居をともなう遠隔地転勤が条件づけられていたので、この条件をクリアする自信のない者は、応募の際にこの条件のないコース選択を余儀なくされている。それは、子育てや介護などの社会的インフラが不十分なうえ、男女の役割は異なるという性別役割分業意識が根強い環境のなかにあって、「仕事と家庭の両立」や「長期継続就労」に自信がもてない女性の多くは、しかたなく一般職コースを選択するしかなかった。その結果として、「男性は総合職」、そして「女性は一般職」という基本構造が再生産されてきた。

そして、現在の雇用や労働の環境、さらに社会環境にあって、コース区分による遠隔地転勤の条件を設定することは、そこに特別の合理的な根拠がないかぎり、企業側の意図はないにしても、結果として「間接差別」を生みだすことになる。この不公平を排除しようと、2007年に改正男女雇用機会均等法が施行され、総合職を募集・採用するにあたり、合理的な理由がなく、転居をともなう遠隔地転勤を要件にすることは、間接差別になるとして禁止している。

これまで、過去の均等法の限界や社会的インフラの未整備に関連して、これまでのコース別雇用管理には、間接差別を生むという制度的な欠陥があり、少なくない女性たちが総合職コースから排除されてきた。しかし、今後2007年の改正均等法の施行により、制度・運用の見直しはさらに進展するであろう。そして、間接差別が生じないように、「転居をともなう遠隔地転勤の条件」を撤廃して、男女がどのコースを選択しても、「意欲と能力」が発揮でき、各自の成長欲求と自己実現欲求が充足できるようにすることが期待されている。

このように、コース別雇用管理を導入している企業では、募集・採用はコース別に

行われるので、個人は自分の人生観・職業観との関連で、自分にあうコースを選択して、応募することになる。

第5節　個人に求められる自主的なキャリアデザイン

(1) 前提にされる個人のキャリアデザイン

以上、3つのタイプの募集・採用の方法の特徴をみてきたが、いずれの場合にも、個人にとっては将来の生き方・働き方のビジョンを明確にしていなければ応募はできない。つまり、現代企業の雇用管理は、採用される個人の側のキャリアビジョンが確定していることを前提にしている。

どのような生き方・働き方を選択するのか、それは個人の自由の問題であるが、どうするにせよ、キャリアビジョンやライフプランを明確にしておくことが大切なのである。

(2) 求められるキャリアデザインの確立

先にみたように、「職種別・部門別採用」は、採用後に従事する職種をあらかじめ限定しておき、それに対応できる即戦力型人材を採用するものである。したがって、応募する側は、職種や部門にふさわしい意欲・能力・専門性があるかが問われることになる。たとえば、海外勤務が予定されている職種・部門に応募する際には、外国語によるコミュニケーション能力は当然の要件になる。また、法務部門などの職種では、法律の知識を習得した法学部やロースクールの出身者が当然優先されるであろう。要するに、この方法による採用では、入社後に自分の希望する職種に必ずつくことができるが、あらかじめ当該職種に関連する分野の知識・スキル・能力の習得が前提であり、必須となる。

つぎに、「地域限定採用」は、採用後に勤務する地域をあらかじめ限定し、それに対応できる人材を採用するので、応募する側には、まえもって勤務地の限定を含めた、生き方・ライフプランの設計の有無が問われる。たとえば、親の介護をしなければならない個人には、居住地からはなれた遠隔地域の勤務は困難であろう。

それ以外にも、子供の教育問題、配偶者の仕事の都合など、さまざまな家庭の事情との両立を願う個人の側には、希望する勤務地も限定されるであろう。そのような個人にとって、勤務地限定の採用はきわめて都合の良い方法である。

NOTE

さらに、「コース別採用」は、応募の際に、職種限定の有無、遠隔地転勤の有無、管理職昇進の有無などにより、キャリアパス（採用後のキャリアの経路）を総合職コースや一般職コースなどに区分しておき、応募する個人に自分のキャリアビジョンに合ったコースを選択させる方法である。したがって、ここでも個人の側には、どのように生きていくのか、どんな働き方をしたいのか、を明確にする必要がある。

第6節　まとめ

　近年の企業の人材募集・採用の方法として、「職種別・部門別採用」、「勤務地限定採用」、「コース別採用」などが代表例である。これらは、企業の側のニーズしか考慮しなかったかつての募集・採用の方法とは異なり、個人の側の多様な生き方・働き方のニーズにも配慮している。

　したがって、個人の側は、あらかじめ自分の生き方・働き方およびキャリアビジョンを明確にし、自律的に能力開発し、職業的能力を習得することが必要になる。つまり、自分の「欲求と目的」を自覚し、激変する環境に適応したキャリアデザインを確立することが、当然の前提になっている。

　以上で概観したように、今日の雇用管理は、採用対象となる個人の側のキャリアビジョンやライフプランの明確化が前提になっている。ここに、学生時代にキャリアビジョンを明確にし、自覚的に能力開発をして、雇用され得る能力を習得することが求められる理由がある。つまり、自分でキャリア戦略をたて、キャリアデザインすることが不可欠になっている。

《One Point Column》

本気度のインターンシップを！

「就活」の一環として、インターンシップが定着化していますが、カタチだけのものでは意味がありません。長期の実践型をやってみるとか、課題にチャレンジするようなものを行うことが大切です。インターンシップにはあなたの「本気度」が求められます。

(1) 本章の内容を要約してみよう。

(2) 本章を読んだ感想を書いてみよう。

(3) 説明してみよう。

① 職種別・部門別採用とは、なんでしょうか。

② 勤務地域限定採用とは、なんでしょうか。

③ コース別採用とは、なんでしょうか。

(4) 考えてみよう。近年において、なぜ雇用管理は多様化・複線化したのでしょうか、その要因について考えてみよう。

(5) 調べてみよう。あなたが所属する大学で、最近年の大学生の中途退学率、卒業率、就職希望率、正規雇用就職率などを、学部別・男女別に調べ、その特徴を列挙してみよう。

経営学のススメ⑥

変わる！中途採用の方法

　「ダイレクトリクルーティング」（DR）という言葉を知っているだろうか。欧米の企業や在日の外資系企業では普通に実施されており、企業側が具体的に採用したいと思っている人材に直接アプローチし、中途採用するものである。そして、わが国でも近年になって普及し始めている。

　『日本経済新聞』（2015年5月23日）は、DRによって「即戦力に直接アピール」するため、中途採用がこれまでの「待ち」から「攻め」の姿勢へ変わりつつある、としている。これは、「ダイレクトソーシング」とか、「インハウスリクルートメント」などともいわれ、企業が欲しいと思われる候補者に対して、自社への転職を勧誘するものである。

　中途採用については、これまでは新聞などに求人広告をだしたり、人材の仲介会社に依頼することが多かったが、DRの専門会社が運営するデータベースやセミナーなどを使って候補者となる人材を発見し、直接その人材にアプローチすることになる。

　この方法をとると、企業側は求人広告費や仲介会社に支払う仲介費用よりも安くすむというメリットがある。また、それ以上に、必要と思われる人材に直接会えるので、自社の魅力や思いなどをしっかり伝えることができるのである。

　さて、このようなDRが実施されるようになった背景や理由は、どのようなものであろうか。企業環境が激動するなかでは、たえず新たな事業展開を模索し、実践していかなければならない。そうしなければ、企業は発展どころか、生存（サバイバル）さえもむずかしい。

　そこで、既存の事業を拡大したり、新規事業を立ちあげることが必要となるが、社内にはそのような事業構造の転換に対処できる人材がいなかったり、不足しているケースが実際には多いのである。時間的・金銭的な余裕があれば、社内での人材育成も可能であるが、現状はとにかく迅速な人材の調達が求められる状況なのである。つまり、時間の余裕はなく、早急に採用して仕事をしてもらわなくてはならない。

　しかも、このような即戦力のある人材へのニーズは、当然のことながら、他社や他分野の企業からも集中しており、中途採用をめぐる競争は激化している。実際のところ、転職の有効求人倍率（求人数／求職者数）も高くなっているといわれる。つまり、企業側は即戦力をもつ、すぐに使える人材を確保することがむずかしい状況になっている。

　『日本経済新聞』の記事では、DeNAが2013年からDRを本格化させている。また、ホームセンター事業のセキチュー（本社高崎市）もほぼ同じ時期から、ネット通販

などの事業を強化するにあたり、DRを採用しているという。

21世紀の企業社会は、20世紀のものと異なることを本書では述べてきたが、変化というトレンドは、20世紀の後半以降、同じように続いていると考えてよいであろう。変化という状況にあって、事業構造の転換をたえず図っていかないと、企業としての生存はむずかしくなる。

しかしながら、自社内にそれに対処できるヒューマン・リソース（人的資源）が不足しているとすれば、企業の生死を左右する中途採用へのニーズは、高まることはあっても、減少することはない。そして、そのためにDRが有効であるならば、この方法を採用する企業は増加することになろう。

このような中途採用の増加は、どのようなことを意味しているのであろうか。いうまでもないが、事業構造の転換のなかで、不要となる事業分野からの撤退が同時に行われるから、人員整理を含めた人材の合理化が進められることになる。

そして、即戦力を求める中途採用が企業でいっそう定着していくとすれば、本書で述べているように、「労働移動の時代」や「人材の流動化」が加速されていくことになろう。それは、いいとか、悪いとかというレベルの問題ではなく、自然の成りゆきなのである。

（設問1） DRを採用している企業の事例を、こまかく調べてみてください。
（設問2） 皆さんのまわりの中途採用された人にインタビューして、中途採用のメリットとデメリットを整理してください。

（齊藤 毅憲）

第7章
ナレッジワーカーに求められる能力

　21世紀の企業社会を個人が生き抜くには、自律と自立、そして成長のために自覚的な能力開発が求められている。それは、機械や設備中心の「工業化社会」から、知識や技能が中心の「知識集約型社会」へ移行することと関連している。それについては、20世紀末にドイツのケルンで開催された主要国首脳会議（サミット）でも確認されており、国際的な共通認識でもある。

　今後に到来する知識社会は、人びとに重要な「機会」（チャンス）を提供するが、同時に現実的な危機をもたらす「危険」（リスク）をもっている。

　これからは、労働市場で求められる知識・技能のレベルがますます高くなり、社会は教育レベルの向上という課題に直面する。そのようななかでは、高いレベルの知識・技能を修得・維持することが大切である。知識が社会の中核的な資源となる知識社会において、個人が生き残れるかどうかの分れ目は、労働市場が求める知識・能力を修得・維持できるかできないか、である。

本章を読むと、以下のことが理解できる。

① 企業社会が「工業化社会」から、知識や技能が重視される「知識集約型社会」へ移行しており、ナレッジワーカー（知識労働者）の比重が増加していること。

② 個人には、自立と成長のために、産業界や政府のいう「3つの能力」、「若年者就職基礎力」、「社会人基礎力」などの修得が求められていること。

③ 労働移動を前提に、他社や他分野でも通用する「エンプロイヤビリティ」（雇用されうる能力）の開発が求められていること。

第1節　比重を増す「ナレッジワーカー」

(1) 21世紀に求められる人材

　近年、大卒者が就職後3年以内に転職・退職する比率が約3割に達するといわれている。この数字は、「近年の若者は、すぐに辞める」ことを端的に示している。そ

のもっとも大きな原因は、「雇用のミスマッチ」といわれるが、かれらが企業社会で通用する能力・知識・技能を十分に修得していない点も指摘されている。

これまで長い間、日本企業は、採用した若者に対して、長期雇用の慣行を前提に、長期間の手厚い社内教育や研修によって「使える戦力」に育てあげてきた。とすれば、近年の「短期間の離職」、「雇用のミスマッチ」などの事態は、若者の教育や人材育成が十分には成果をあげていないことを示している。この責任が若年労働力を送りだす学校教育にあるのか、受け入れた産業界の教育・研修にあるのか、それとも若者自身の自助努力・自己啓発に問題があるのかについては、その議論は分かれるかもしれない。

いずれにせよ、若者が社会に出て働く際に、どのような能力が必要なのかを、企業側はこれまで示してこなかったが、現在、そのような能力を明示することを求められることになった。それは、21世紀になり、経済のグローバル化や産業構造などの企業環境の変化のなかで、企業の求める人材モデルが大きく変化したからである。その人材とは、第4章で取りあげた「自律型人材」ということになるが、本章では、これとは異なる観点から、求められる人材像を明らかにしたい。

(2) 知識集約型社会とナレッジワーカー

20世紀の企業社会は、機械や設備に多額の資本を投ずる工業化社会（「資本集約型社会」ともいう）であった。これに対して、21世紀は、人のもつ知識や技能が中核的な資源となる知識集約型社会である。そのため、20世紀が「フィジカルワーカー」（肉体労働者）の時代であったとすれば、21世紀は「ナレッジワーカー」（知識労働者）の時代である。

これについては、最近の日本の就業構造の動向にも示されている。日本の就業者数の約7割が、情報通信業や金融サービス業を含めた広義のサービス産業（第3次産業）に従事している。さらに、第2次産業（製造業）においても、その業態の中心が、ソリューション・ビジネスやサービス業化へ移行していることを考慮すれば、高い比率でナレッジワーカーが求められていることになる。

図表7-1は、フィジカルワーカーとナレッジワーカーの相異点を示している。第4章で述べたように、前者が他律的な働き方をしたのに対して、後者は現代社会に求められる自律的な働き方を指向している。

ただし、知識社会では、一方で「機会」を得る人びとと、他方で「危機」に直面す

る人びととに、二極化する可能性がきわめて高い。そして、その分かれ目は、企業の求める高い知識・能力を身につけ、それを維持・発展させられるかどうか、にかかっている。

図表 7-1　フィジカルワーカーとナレッジワーカー

	フィジカルワーカー	ナレッジワーカー
社会	モノ社会（20世紀）	サービス社会（21世紀）
働く目的	安定的な収入の確保	自己実現・成長の実感
インプット	労働時間	能力
成果	生産性	チーム力
管理の特徴	コマンド・コントロール（指示と命令）	エンパワーメント（権限委譲）
望ましい社員	与えられた目標を時間内に達成	時間に関係なく成果・業績を生み出す
教育訓練	会社主導（OJT、Off・JT）	従業員主体（キャリア開発支援）
キャリアコール	ゼネラリスト（社内基準で評価）	プロフェッショナル（市場価値で評価）
ライフスタイル	仕事中心	ワークライフバランス
人事の課題	個々の能力を組織として最大化	能力を最大限発揮できる環境の整備

（出所）伊藤健市『よくわかる現代の労務管理（第2版）』ミネルヴァ書房、2011年、26ページ。

第2節　企業側が求める「3つの力」

　経団連は、前述したケルンのサミット憲章の影響を受けて、2004年に『21世紀を生き抜く次世代育成のための提言』を発表している。そのなかで、企業側が求めるのは、図表7-2に示す「3つの力」を備えた人材であることを明らかにした。

　まず、「志と心」は、社会人としての規範を備え、使命感をもってものごとに取り組む力のことである。具体的には、誠実さ、信頼が得られる人間性、倫理観、仕事を通して社会に貢献しようとする意欲、目標を達成する責任感と志の高さ、果敢に挑戦する意志と情熱、ものごとに対する好奇心や夢をもつこと、である。

　つぎの「行動力」とは、情報の収集、交渉、調整などを通じて、困難を克服しながら、目標を達成する力である。もうひとつの「知力」は、ものごとを深く探求し、考え抜く力である。各分野の基礎的な学力に加えて、論理的・戦略的指向や高い専門性と独創性が求められている。

　企業側のいうこれら「3つの力」は、学校の座学だけでは修得できない。学生時代の勉学やサークルやアルバイトなどの種々の取組みで、自分なりの解決策をさまざ

図表 7-2 企業側が求める「3つの力」

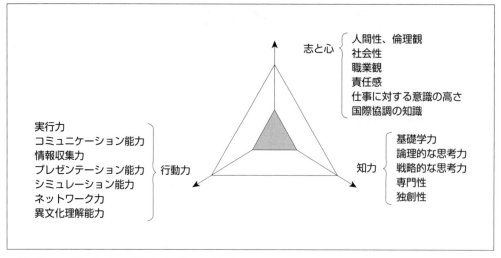

（出所）日本経団連『21世紀を生き抜く次世代育成のための提言』2004年。

な情報をもとに考え、他者の意見を取り入れながら、これらの能力を形成していく。知識は、好奇心や向学心があれば、入社後にも高めることができるが、これらの力については、短期間では修得できない。

第3節　厚生労働省の若年者就職基礎力

　経団連の動きと同じ時期に、厚生労働省も、若者が就職する際に求められる「就職基礎力」を提示している（「若年者の就職能力に関する実態調査」2004年）。

　図表7-3の上図は、大学卒レベルの学生を採用する際に重視する能力であり、下図は、企業が実際に大卒者がその能力をもっていると感じる習熟に関する実感を示している。これによると、採用時にコミュニケーション能力を重視・希望する割合が群を抜いている。そして、基礎学力、責任感、外向性、資格取得、行動力、ビジネスマナーなどについては、半数以上の企業が求めている。一方、企業の実感によると、この7項目について、不満が満足よりも多くなっている。

　厚生労働省は、図表7-3に示された能力のなかでも、とくにコミュニケーション能力、職業人意識、基礎学力、資格取得、ビジネスマナーの5つを、比較的短期間の訓練で向上させることのできる、「若年者就職基礎力」と定義している。そして、それらを修得すれば、事務・営業系の仕事で採用される可能性は高いとしている。

NOTE

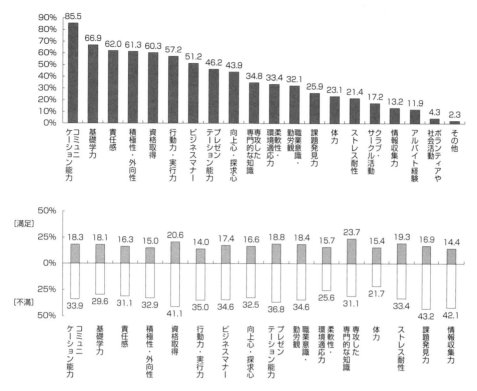

図表 7-3　採用時に重視する能力とその習熟実感

（出所）厚生労働省「若年者の就職能力に関する実態調査」2004 年より筆者作成。

第4節　経済産業省の「社会人基礎力」

　21 世紀は、知識が社会を動かす知識社会である。そこでは、知識や技能をもち、イノベーションを進め、グローバル化・IT 化に対応できるナレッジワーカーが求められる。このような人材がもつべき能力を、経済産業省の研究会は「社会人基礎力」と名づけ、「職場や地域社会のなかで、多様な人びととともに仕事を行っていくうえで必要な基礎的な能力」と定義している。

　これには「前に踏み出す力」、「考え抜く力」、「チームで働く力」などの3つの行動能力があり、その修得には、自分の長所を伸ばしつつ、短所を補う日々の努力が求められる。つまり、それは好みや興味、動機、物事に取り組む姿勢、性格などの人の精神面と関係する特性であるから、技術的能力のように、入社後の研修で簡単に身につくものではない。

図表 7-4 社会人基礎力の能力要素

分類	能力要素	内容
前に踏み出す力（アクション）	主体性	物事に進んで取り組む力 例）指示を待つのではなく、自らやるべきことを見つけて積極的に取り組む。
	働きかけ力	他人に働きかけ巻き込む力 例）「やろうじゃないか」と呼びかけ、目的に向かって周囲の人々を動かしていく。
	実行力	目的を設定し確実に行動する力 例）言われたことをやるだけでなく自ら目標を設定し、失敗を恐れず行動に移し、粘り強く取り組む。
考え抜く力（シンキング）	課題発見力	現状を分析し目的や課題を明らかにする力 例）目標に向かって、自ら「ここに問題があり、解決が必要だ」と提案する。
	計画力	課題の解決に向けたプロセスを明らかにし準備する力 例）課題の解決に向けた複数のプロセスを明確にし、「その中で最善のものは何か」を検討し、それに向けた準備をする。
	創造力	新しい価値を生み出す力 例）既存の発想にとらわれず、課題に対して新しい解決方法を考える。
チームで働く力（チームワーク）	発信力	自分の意見をわかりやすく伝える力 例）自分の意見をわかりやすく整理した上で、相手に理解してもらうように的確に伝える。
	傾聴力	相手の意見を丁寧に聴く力 例）相手の話しやすい環境をつくり、適切なタイミングで質問するなど相手の意見を引き出す。
	柔軟性	意見の違いや立場の違いを理解する力 例）自分のルールややり方に固執するのではなく、相手の意見や立場を尊重し理解する。
	情況把握力	自分の周囲の人々や物事との関係性を理解する力 例）チームで仕事をするとき、自分がどのような役割を果たすべきかを理解する。
	規律性	社会のルールや人との約束を守る力 例）状況に応じて、社会のルールに則って自らの発言や行動を適切に律する。
	ストレスコントロール力	ストレスの発生源に対応する力 例）ストレスを感じることがあっても、成長の機会だとポジティブに捉えて肩の力を抜いて対応する。

（出所）経済産業省『社会人基礎力に関する研究会—中間取りまとめ—』2006年1月。

NOTE

社会人基礎力は、図表7-4に示されているように、3つの行動能力と、それらを構成する12の能力要素に細分化されている。そして、①社会人基礎力を活かした自己分析や能力アピールの実施、②さまざまな「体験」への積極的な参加、のふたつの取り組みを重視している。

　①については、「社会人基礎力の枠組みにもとづき、自分の能力や適性の強みや弱みを分析し、それを踏まえた能力向上と自分の強みのアピール」が求められる。②については、「実体験」や「失敗」を経験し、それを評価するプロセスが重要なことから、インターンシップなどの体験型のプログラムに参加し、社会人基礎力の枠組みを活用しながら、経験と自己分析を行い、成長していくことを求めている。

第5節　個人に不可欠なエンプロイヤビリティ

　現在、企業などで働きつづけるには、「エンプロイヤビリティ」が不可欠である。エンプロイヤビリティとは、英語のemploy（雇用する）とability（能力）を組み合わせた造語で、「雇用されうる能力」と訳される。欧米では「労働移動を可能にする能力」という意味で使うが、日本では、こうした狭義の意味に加えて、「当該企業のなかで発揮され、継続的に雇用されることを可能にする能力」と広義に解釈されている。

　このような考え方は、1999年に経団連が刊行した『エンプロイヤビリティの確立をめざして：「従業員自律・企業支援型」の人材育成を』という報告書で明示されている。そこでは、企業における人材マネジメントを、図表7-5のように特徴づけている。

　「従来型」とは、これまでのわが国の企業で普通にみられたものである。そして、「雇用流動型」とは、欧米をモデルにして、雇用が流動化した状態を想定している。

　これに対して、「変化対応型」は、従業員の自律を原則とし、企業は支援にまわるという考え方である。すなわち、「従業員の生活、雇用、キャリア形成等に関する決定は、従業員個人の主体的な選択により行うが、企業はそのための積極的な支援を行う」（10ページ）という。

　つまり、日本型のエンプロイヤビリティの考え方は、従業員の雇用の確保を最優先としつつも、経済・社会などの環境変化や企業の業容の変化にともなって、個人に「仕事の内容や雇用形態・雇用条件の変更」を求めている。それに対して、個人

図表 7-5 3つのタイプの特徴

項目	従来型	雇用流動型	変化対応型
企業と従業員の関係	企業・従業員相互依存型	従業員自立型 個人は定められた範囲内の仕事を請負う	従業員自律・企業支援型
会社の基本理念等	従業員の生活・キャリア形成等多くの点で企業側が大きな権限と責任を持つ	従業員の生活・キャリア形成等は従業員が決定	従業員の生活・キャリア形成等は企業の一定レベルの支援により従業員が主体的に選択
雇用期間・形態	長期継続雇用が原則 雇用形態は画一的	雇用期間は従業員と企業の契約により決定、雇用形態は多様	長期継続雇用も含めて多様化
配置、異動、勤務地等	会社の命令により地域・職務を広範囲に異動、決定権は会社側	拒否権が個人側にあり	選択肢を会社が用意し、個人の意向を尊重して、地域・職務の異動を決定
昇進・昇格、コース選択	ほとんどが結果として単線型管理職昇格中心のしくみ	個人が選択した職務・職位により決定	複線型（職掌別のコース選択制等）、会社の選抜と個人の選択により調整
採用方法	大企業は新卒一括採用中心	専門性のある既卒者採用に重点	仕事の内容、役割等により、新卒と既卒をフレキシブルに採用
転職	基本的に想定していない 企業はあまり歓迎しない	従業員・企業の意思により行われ、かなりの流動性がある	ある程度の流動性がある
人材の確保と流出	限定された人材について行われる	日常的に行われる	企業努力により、必要な人材の確保と流出の防止が行われる
賃金・評価制度	職能資格制度の年功的運用 加齢にともなう昇給あり	市場価値に基づく職務職能給 有能な者に、きわめて大きなメリット	一定のレベルに到達した者は能力・成果を市場価値に照らした評価
賞与	基本給×一定月数 　　　±会社業績変動 個人ごとの幅は小	個人業績変動 個人ごとの幅は大	個人＋会社の業績変動 固定部分は減少傾向
退職金・年金	あり	年金は個人の自己責任	退職金・年金またはポータブル化の従業員個人の選択
福利厚生	広範囲にわたる手厚い制度	原則としてなし	個人のニーズを重視した一定の制度

（出所）日本経団連『エンプロイヤビリティの確立をめざして』1999年、12ページ。

NOTE

は「処遇の変更に応じたり、能力やスキルの向上に努める」必要があるので、企業は「個人の能力や意思を尊重し、主体的な能力開発に対して、さまざまな支援活動を実施」するという（10～11ページ）。

この変化対応型における能力開発では、上位の人たちが決定し、それに従うという「トップダウンのために、自分で決められない」、「選択の余地がない」というこれまで問題となっていた欠点を克服するものになっている。そのうえで、雇用流動型のもつ「従業員自立」、「自助努力」、「自己責任」という特性を組み込んでいる。ただし、「組織に所属して仕事を行っている以上、すべて自己責任のもとで行うことは現実的には困難」であるから、そこには一定の企業支援が必要とされている。

第6節　まとめ

現在の世界的な共通認識になっているように、20世紀と21世紀とでは、働く人びとに求められる能力は大きく変わっている。

そうした変化をふまえて、日本の企業は、これまでにない取組みを始めている。経団連は「3つの力」を中心に、今後の企業社会で求められる人材像を明らかにした。それと連動して、厚生労働省と経済産業省も同様の動きをみせはじめ、「若年者就職基礎力」と「社会人基礎力」を提案している。

これらの能力を自主的・自覚的に修得して、21世紀の企業社会を生きていくことが期待されている。そして、社会人になったら、日本型エンプロイヤビリティが求める、継続的に雇用される能力を、自律的・自覚的に身につけなければならない。

日本の企業は、そうした努力を費用面と時間面で支援するさまざまな制度を設けているが、それらの制度を積極的に活用することが必要である。

《One Point Column》

士（さむらい）業の資格取得はプロへの近道！

弁護士、公認会計士、税理士、司法書士、不動産鑑定士、社会保険労務士、気象予報士、行政書士、臨床心理士、家具製作一級技能士、管理栄養士、ダイヤモンド鑑定士などなど。士（さむらい）という資格はプロの証拠である。

(1) 本章の内容を要約してみよう。

(2) 本章を読んだ感想を書いてみよう。

(3) 説明してみよう。

① ナレッジワーカーとは、なんでしょうか。

② 社会人基礎力とは、なんでしょうか。

③ 日本型エンプロイヤビリティとは、なんでしょうか。

(4) 考えてみよう。近年になって、なぜ知識・技能が最重要視される社会に移行したのでしょうか、その要因について考えてみよう。

⑸ 調べてみよう。あなたの長所・短所はなんですか、もっている技能・知識・能力・特技はなんですか、それらを整理・列挙してみよう。

経営学のススメ⑦

キャリアの有力な選択肢としての「公務員」

　公務員（public servant）も、キャリアの有力な選択肢となるであろう。公務員は全体の奉仕者として、国民や住民に公正に奉仕することが求められ、それは国家公務員や地方公務員などからなる。そして、公務員が仕事を行っている行政組織（中央官庁、地方自治体など）は、国民や住民の生存・生活にかかわる、きわめて多様なサービスを提供している。要するに、行政組織は「総合的なサービス業」なのである。

　警察官や公立学校の教員なども公務員であるし、病院、上下水道事業、交通事業のサービスなどを、地方自治体が提供していることも多い。また、国公立大学などは独立行政法人に改組されて、行政組織とは別個のものとなり、教員は公務員の身分ではなくなった。とはいえ、行政組織の支援や制約のもとで活動している。

　ある時期から、公務員への批判がきびしくなったが、その背景には以下のものがある。

① 仕事の能率が低いとみられてきた。とくに、企業の働き方に比較すると、能率が低く、ムダが多いとされてきた。

② 雇用が安定しており、報酬（給与、退職金など）が良すぎるという厚遇批判がある。

③ メディアが公務員の不祥事（スキャンダル）をとりあげ、書きたててきた。倫理観の欠如も批判の的になっている。

④ コストのかかる"箱もの"——施設や建物など——づくりに力を入れて、財政状況に配慮しなかったと批判されてきた。

⑤ ルールの遵守や前例主義重視のために、新しい事態に迅速に対応できず、国民や住民のニーズにこたえることができない。

　このような背景のもとで、公務員や行政組織は現在でもきびしい状況にあるが、財政難下の行政改革も時代の流れである。公務員の削減、人件費の抑制、組織の簡素化、非正規雇用職員の増加、公共施設の維持・保全が一方でいわれ、他方、国民や住民のニーズも多様化、複雑化しており、行政課題の解決は困難をきわめている。

　別の言葉でいうと、公務員はかつては「安定した仕事」というイメージが強かったかもしれないが、現在では「チャレンジングな仕事」に変わってきたといえるであろう。財政難のなかで使用できる資源は制約されているが、行政課題は多様化、複雑化しており、既存のルールや前例主義では解決がむずかしく、いろいろな知恵や工夫を考えだし、それを実践して、国民や住民のニーズにこたえていくことが求められている。

したがって、現在の行政組織はきわめて働きがいややりがいのある場になっている。これからのキャリアの有力な選択肢のひとつになると考えてほしい。

なお、このようなイメージの転換のなかで、公務員に求められる人材像も、当然のことながら、変化している。かつての公務員は、ここで使った言葉でいうと、ルールを遵守し、前例主義を尊重して仕事を行う堅い感じの人びとであった。

これまでの行政組織では、経営全般をとり扱うのは総務部（課）であり、総務部中心の考え方で仕事が遂行されてきた。そこではルールや前例などに照らしあわせつつ、他の関連部署と調整しながら仕事を行っていたので、いわゆる「総務型人材」が公務員の求められる人材像であった。そして、いまもこのような人材はたしかに必要である。

しかし、現在では「企画型人材」が期待されている。行政組織をとりまく環境が変化したため、前述したように、行政課題の多様化、複雑化が発生しており、いろいろな知恵や工夫を考えだすことが必要になっている。つまり、プランをたてたり、いくつかのシナリオや解決策を提案できる人材が期待されている。これが、企画型人材である。

もうひとつは、「協働（コラボレーション）型人材」である。住民に近いところで日々活動している地方自治体の現場では、住民と一緒に活動する場面が増加している。住民の参加やネットワーク化などによって、コミュニティやまち、都市の再生・創造を行うことがごく一般的になっている。

このようななかでは、それぞれの立場を尊重しながら、ともに協力して動けることが大切なのである。かつての上から目線ではなく、"イコール・パートナー（対等な参加者）"を実践しなければ、協働が成功しないことは明らかである。

（設問１） 公務員に対するあなたのイメージをまとめてみてください。
（設問２） 周辺の自治体の組織を調査し、行政組織が「総合的なサービス業」であることを確認してください。また、あなたが公務員になるとすれば、どのようなタイプの人材像になりたいですか。

（齊藤 毅憲）

第8章
自立と成長のためのキャリア戦略

　日本の企業社会と会社人生が大きく変貌した。そのようななかで、自立と自律をかねそなえた人材が求められ、新しいワーキングスタイルが登場し、企業の雇用管理は多様化した。また、企業に依存せずにみずからの人生を切り開き、成長していくことが求められる。

　時代は働く個人の「自由と自己責任」に変わってきており、個人は自分でキャリアデザインとキャリア戦略を作成し、実践することが必要となっている。そこで、個人には、キャリアプラニングとライフプラニングの能力を自覚的に身につけることが大切になっている。

　これまでの議論を前提にして、自主的・自立的にキャリア戦略をつくり、実践するには、どのようなことが重要なのであろうか。

　本章を読むと、以下のことが理解できる。

① 職業生活を送るうえで、どのようなことを目指していくのかという「キャリアビジョン」と、どのようなことにこだわって仕事をするのかという「キャリア・アンカー」を明確にする必要があること。

② キャリア戦略を決める場合に、「環境」と「自分」のふたつの分析が大切であること。

③ 目的や目標を目指して努力しても、実際にはうまくいかないことが多い。人生や職業生活を送るなかで、その大半は、むしろ予期していない「偶然的な出来事」によって支配されている。しかし、自分の姿勢を改め、前向きに対応していくと、そのようななかでも「運を引き寄せる」ことができること。

第1節　キャリアビジョンの設定とキャリア・アンカーの確認

(1)　「自由と自己責任」の時代

　第1章以降でも述べてきたように、どのようなキャリアをつくり、送っていくか

については、働く個人の「自由と自己責任」であるという考え方が強くなってきている。長期雇用の慣行は、現在でも一部において残っているが、みずからの理由と意思で中途退職して、転職し、自営や起業することも多くなっている。このときの判断は、いうまでもなく、働く個人の意思によるものであり、さまざまな事情を考えながら行われている。そして、この判断と実施の結果は、その個人の自己責任になる。

生き方・働き方は、個人の問題である。人が生き、そして働くことは、「自分のため」だけでなく、「他者、企業や社会のため」でもあるが、どのように行っていくかを考え、実行するのは、当事者個人なのである。要するに、人が生き、そして働くことは、自分と、自分以外の人間や企業などのための二面性をもっている。

ここでいう自分のためとは、企業に依存せずに、個人が自主的・自立的に働き、生活していけること、しかも、そのなかで自分を成長させていけることが大切であることを意味している。それでは、個人が「自立と成長」するためのキャリア戦略について考えていこう。

(2) キャリアビジョンの重要性

人生（ライフ）の最終的な理想・夢・願いを決めることはむずかしい。しかし、どのような職業や仕事をやりたいとか、どんな業種で働きたいとか、こんな企業に就職したい、などについては、将来をみすえて事前に考え、決めることはできる。第1章でも述べた、このような働くことについての理想・夢・願いが、「キャリアビジョン」（career vision）である。

このビジョンには、働くことに関して「こんな自分になってみたい」という目的や目標が含まれているので、「キャリアゴール」（career goal）とおきかえてもよいであろう。

このキャリアビジョンは、いうまでもなく、個人ごとに異なっている。エンジニアになって働きたいと思う人もいれば、海外に行って働きたいと思う人もいる。また、金融機関に勤めたいとか、ファッション・ビジネスにかかわりたいとか、地元の企業を支えて働きたいなど、それぞれが異なったビジョンをもっている。

また、「男性は仕事、女性は家庭」といったかつての「性別役割分業意識」に示されるように、両性のキャリアビジョンにはかなりのちがいがあったが、女性も働くことが普通になったので、いまでは少しずつ近づいている。

さらに、キャリアビジョンは、世代によっても異なっているであろう。「キャリア

NOTE

ステージ」(career stage)とは、働き始めてから、その後働き続けて退職するまでの職業生涯の主な節目を指している。若い20歳代のときは仕事を覚えて、一人前に働けるように努力するが、30歳代とくに40歳代になると、企業や組織のなかで中核を担うようになり、部下に指示したり、職場のまとめ役を行うことになる。さらに、50歳代以降では、一部は経営（マネジメント）的な仕事を担当し、それ以外の人びとは経験を活かして、それぞれの分野の専門家として腕をふるう。

　これによると、主な節目は初期、中期、後期の3つのステージに分けられるであろう。そして、おそらく、このステージごとに求められる目的・目標は少しずつ異なっている。若いときには理想を高くかかげるが、仕事を行い、キャリアを積むなかで、ビジョンは現実的なものに変わる可能性がある。そして、別のビジョンがみえてくることもあるかもしれない。

(3) キャリア・アンカーの確認

　心理学者のシャイン（E. Schein）がつくった言葉に、「キャリア・アンカー」(career anchor)がある。アンカーとは、船をある地点につなぎとめる碇（いかり）のことであり、大きな波が船に押し寄せてきても、これがあると、船はあまり揺れることなく、どっしりと構えていることができる。

　これと同じように、働く人間にキャリア・アンカーがあるとすれば、たとえ自分がおかれている環境に変化があっても、あまり動揺することなく、事態に対応できる。これは、第1章で述べた人生観や価値観・職業観に関連しており、その個人にとってこだわりとなるような考え方である。つまり、それは、どんなことがあってもゆずることができないもので、キャリアビジョンはその一部を構成している。

　キャリア・アンカーには、おおむね以下の8つのタイプがある（"Career Dynamics" 1978）。

① 「技術的・専門的な仕事」が好きで、自分もそれが得意であると思っている人間にみられるもの。
② 「経営（マネジメント）の仕事」に関心があり、自分は有能なマネジャーであると考え、組織のなかで昇進（プロモーション）していくことが大切だと思っている人間にみられるもの。
③ 「自分中心の考えやペースで行う仕事」に興味があり、自立と独立志向の人間

にみられるもの。
④ 雇用が保障され、給料がそこそこあるならば、ほかのことにはこだわらないという「安全性重視」の人間にみられるもの。
⑤ 新しいものをつくりだすという「イノベーション」（革新）や、「起業家精神」をもっている人間にみられるもの。
⑥ 「社会貢献」や「社会奉仕」を大切にし、社会の改善・改良を目指そうという人間にみられるもの。
⑦ 純粋に仕事に「挑戦」して、がんばっていきたいと思っている人間にみられるもの。
⑧ 対立などを好まず、社会や人間との関係を大切にし、日々の生活でも「バランス」を大切にしたいと思っている人間にみられるもの。

一人ひとりの個人は、強弱はあるとしても、自分のアンカーをもっており、ひとつではなく、ふたつぐらいのアンカーを意識していることもあろう。問題なのは、自分のキャリア戦略を立案する場合に、前述のキャリアビジョンを設定することと、自分のキャリア・アンカーをみつめなおし、どのようなことを大切にしているかを、しっかり確認することである。

第2節 「環境と自分」の分析

(1) キャリア環境の分析

経営戦略とは、企業の最高目標である経営の理念やビジョンを実現するために、中長期的な目的・目標を決定し、実施することである。そして、これを決定する際に重要なのは、自社をとりまく各種の環境条件を分析し、それとともに、自社がもっている経営資源をしっかり検討することである。

この環境分析により、企業にとってどのようなことが「機会」（チャンス）あるいは「危険」（ピンチ、リスク）になるかを、そして、経営資源の検討から、その企業の「長所」（強み）や「短所」（弱み）がわかる。そして、この環境と資源というふたつの考察を組み合わせることにより、望ましい戦略が導き出される。

この経営戦略に関する考え方を、個人のキャリア戦略にも応用することができる。そこで、キャリア戦略をつくる場合の環境について、まず考えていこう。

NOTE

「キャリア環境」でもっとも重要なのは、産業の盛衰である産業の構造が、どのように変化しているか、への認識である。現代は、農林水産業のウエートが小さくなり、製造業は依然として重要な位置を占めているものの、すでに述べたが、近年においては第3次産業といわれるサービス業の比重が大きくなっている。また、同じ製造業やサービス業のなかでも、盛衰がみられる。このように、どの産業（部門・業種）が成長しているのか、どの産業がパワーを減少させているのか、を十分調査する必要がある。

そして、成長産業といっても、すべての企業で経営がうまくいっているとはかぎらない。成長性の高いものには、チャンスを求めて参入する企業が多く、競争がはげしく行われている。また、成長している産業のなかで、いろいろな仕事が行われており、とくに具体的にどのような職種・部門が伸びているのであろうか。さらに、衰退している産業とみられていても、実際にはかなり健闘している企業も存在している。自分のキャリア戦略を考えるうえで、このような産業や仕事の盛衰を、やはり頭に入れておく必要がある。

つぎに重要なのは、マーケット（市場）の大きさとか、顧客の有無である。いかにすぐれた製品やサービスといっても、それを購入し、使用する人間がほとんどいないとすれば、仕事を行い、キャリアをつづけることはむずかしい。

そのうえで重要なものに、製品やサービスをつくるのに使われている技術（テクノロジー）やノウハウの「陳腐化」（ちんぷか）という問題がある。技術やノウハウの進歩がはげしい現代にあっては、革新的なものがたえず出現して、既存の主力製品やサービスが古くなって使えなくなるという度合が速まっている。また、自分のもっている専門性さえも活かせなくなるという陳腐化も発生している。

現代はグローバルな時代でもある。とくに、わが国では少子高齢化の影響もあって、国内のマーケットが縮小し、そのために海外（グローバル）市場を開拓しなければならなくなっている。したがって、産業によっては、海外勤務が当然になり、それが個人のキャリア戦略に大きくかかわり始めている。

また、わが国では、大都市圏を除く地方の衰退が進行しており、地域の活性化に役立つ人材へのニーズも高まっている。その意味では、「グローバル人材」だけでなく、「ローカル（地域）人材」の育成が求められている。

このようにみてくると、環境のなかにはいろいろな可能性があり、チャンスだけでなく、ピンチも存在している。変化のはげしい環境をどのように認識し、自立と成長

のためのキャリアづくりに役だてていけるのか。それは、ほかのだれも示してくれることはなく、自分で自主的・自立的にみつけだして挑戦していくほかない。

(2) 自分のポテンシャルの発見

もうひとつ大切なのは、自分がもっているもの、つまりポテンシャル（可能性）を発見することである。年令を経ても、なかなか自分のことについてはわからないところがあるが、できるだけ主な特徴をみつけだすことが必要である。第1章では、自分のもっている「知識・技能・能力」という言葉を使ったが、このような自分のポテンシャルを知るという作業を行うことが不可欠である。

現代の仕事は、専門的な知識がないと、行えないことが多くなっており、さらにそれだけでなく、顧客などのステイクホルダー（利害関係集団）に対して、製品やサービスについてしっかり説明することも必要であり、いいかげんな対応はできなくなっている。そして、資格が必要な職業もふえている。つまり、専門的な知識をもっているかどうかが、非常に重要になっている。

つぎに、技能は「スキル」、「熟練」ともいわれ、自分に割りあてられた仕事を十分に行えることである。知識の習得だけでは「机上（きじょう）の空論」であり、実際に現場で仕事を行い、経験を積むことで、技能は獲得できる。

最後の能力は、現実の仕事の場では、上述の知識や技能以上のものが求められる。働く現場は複雑な状況や問題をかかえており、単純に知識や技能をそのまま使えばよいということではなく、個人がもっている知恵とか、判断が必要なことが多い。

また、個人の性格も意味をもっている。前向きでポジティブな姿勢の人間と、後ろ向きでシャイな人間とでは、仕事の取組みにちがいがでてくる。

以上のように、3つの面から自分のポテンシャルを検討し、「長所」や「短所」を発見する。そして、長所は活かし、短所は改善・克服することが必要になる。さらに、前述した環境のなかにある、いろいろな可能性と結びつけながら、自分の進む道をつくりあげていくことになる。

(3) 「四事モデル」における4つの要因

自分のポテンシャルに関連して、「四事（しごと）モデル」について考えてみよう。仕事やキャリアを選択し、主体的・自主的にキャリア戦略をつくる場合に、4つの要因 ⓐ Can（できること、能力）、ⓑ Want（したいこと、願望）、ⓒ Did（して

NOTE

きたこと、経験)、ⓓ Should（すべきこと、期待）を検討することが必要である（齊藤毅憲責任監修『キャリア開発論』文眞堂、2006 年、9 ページ)。

ⓐは、自分ができるとか、できそうな仕事のことを意味している。自分がこれならできると確信するものである。そして、ⓑは、自分が行ってみたいと思う仕事のことである。できるかできないかではなく、できないかもしれないが、やってみたいという、挑戦の対象となるものである。

さらに、ⓒは、自分が行ってきた仕事のことであり、経験とそれにより得られた実績の意味である。最後のⓓは、自分が他者（家族や職場など周囲の人びと）から期待されて行うものである。人間はひとりでは生きることができず、かかわりの深い人びとの期待や希望を背負っている。

これらの 4 つの要因、つまり「四事」が、キャリア戦略の作成にあたって重要となる。ⓐとⓒは作成に大きな影響を及ぼす。できることや実績は、これからの展開にとって重要である。そして、ⓑも、当然大切である。これはキャリアビジョンにあたるが、これだけをやたら追い求めることはできない。ⓑに、ⓐやⓒの裏づけがあれば、その実現の可能性は高くなるが、そうでない場合には、できそうかどうかを確かめ、そのための努力を行い、経験を積むことなどが必要となる。

また、ⓓについていえば、自分にもっとも近い存在である両親は、現代では大体ものわかりがよく、子どもに「自分のやりたいことをやりなさい」という。その点では、仕事やキャリアを自由に選択できる範囲は大きくなっている。かつては、宿命的に親の仕事を継承しなければならない人びとも多く、家から離れられることもできなかった。

第 3 節　偶然性の活用によるキャリア戦略

(1)　「偶然的な出来事」からなる人生とキャリア

人生、そして職業生活を送っているなかで、われわれは予期していないような「偶然的な出来事」（happenstance）に出会う。キャリアの大部分は、このハプンスタンスであるというのが、クランボルツ（J. D. Krumboltz）の主張である（"Luck is No Accident" 2004)。

キャリアビジョンをつくり、環境の分析と自分のポテンシャルの発見を通じたビジョン達成のための戦略が明らかになれば、その戦略の実現を目指していくことにな

る。それが明らかにならないと、動くことはできないが、明らかになれば、実現にむけて能動的・積極的に動くことができる。しかし、動いたら、すべてがうまくいくかというと、必ずしもそうではなく、実現しないことも多い。

　むしろ、人生やキャリアでは、自分が思っていないことが起こり、前進や後退をくりかえしつつ、そのなかで人間は格闘することになる。自分の希望した企業に思いどおりに採用されて働く人も、たしかにいる。しかしながら、圧倒的に多くの人間は、当初考えていなかった企業などで仕事をしている。それは、まさに思っていなかった偶然的な出来事である。また、転職の機会がおとずれることがあるが、これも多くの場合、自分が意図したものでなく、予期しないかたちでやってくる。

　この偶然的な出来事は、その個人にとって、いいことであると思われる場合も、悪いと思われることもある。いいことは、自分のキャリアにチャンスをもたらすように思われ、発展の可能性を期待させる。しかし、悪いこともあるわけである。

(2) 偶然性の活用に必要な姿勢

　では、自分にとって悪いように思われる場合には、どうしたらよいのであろうか。「プラス志向」という言葉に示されるように、なにごとにも、どんなときでも、工夫と前向きな姿勢をとるとか、がんばり抜く態度でことにあたれば、道は開けていくという考え方がある。クランボルツは、道を開くための5つの姿勢をあげている。

ⓐ　好奇心──種々の工夫を生みだす学習の機会を、つねに求めるという姿勢。
ⓑ　根気強さ──うまくいかなくても、あきらめずに努力を続けるという姿勢。
ⓒ　柔軟さ──自分の姿勢や状況を変えていくという姿勢。
ⓓ　楽観主義──可能性があるとか、成果があがることを信じて、新しいチャンスを求める姿勢。
ⓔ　リスクをとる──不確かな結果になりそうなものに対しても、行動を起こしていくという姿勢。

　これらの姿勢があれば、いろいろと対処の方法が生みだされ、道は開けるのである。そして、自分にとって悪いと思われた偶然性も、いいものに変わっていく。
　要するに、「望ましい偶然性」を自分でつくりあげていくということである。それは、別の言葉でいうと、「運を引き寄せる」ことを意味している。したがって、キャ

リア戦略の実行には、この運を引き寄せる姿勢を是非ともすすめたい。

　もうひとつ、そのような姿勢をとっていると、周囲の多くの人びとが、そのような動きを好ましく感じ、サポートするものである。自分が思っている以上に、「他人（ひと）はあなたを見ている」のである。そして、この好印象は、必ずキャリア戦略の実行に役だつことになる。

第4節　まとめ

　以上、キャリア戦略の作成と実践にかかわる主な考え方を述べてきた。それは、まずキャリアビジョンの決定と、キャリア・アンカーの確認が大切である。個人は、各人が価値をおいているものが何であるかを考えることが必要である。

　第2に、キャリア戦略の確定にあたっては、環境と自分の分析を行い、前者からはチャンスとピンチ、後者からは短所と長所を発見し、両者を結びつけることの大切さを示した。

　さらに、キャリア戦略を実行する場合、人生やキャリアを切り開く姿勢が重要であることを明らかにした。人生やキャリアのなかでは思うようにならないことが多いが、そのようなときには、打開しようとする姿勢をとることが大切なのである。

　皆さんには、これらをふまえ、それを使って、自分のキャリア戦略をつくり、実行することを期待している。

《One Point Column》

「自己実現」を極度に重視しないこと！

組織の中の仕事で、自己実現欲求を大切にすることはまちがいではありませんが、それを極度に重視してしまうと、就職をむずかしくします。与えられた仕事のなかでみずから自己実現できるように工夫したり、努力することも大切だと思います。

NOTE

(1) 本章の内容を要約してみよう。

(2) 本章を読んだ感想を書いてみよう。

(3) 説明してみよう。

① キャリアゴールとは、なんでしょうか。

② キャリア・アンカーとは、なんでしょうか。

③ 「四事」とは、なんでしょうか。

(4) 考えてみよう。なぜ近年になり、キャリアビジョンやキャリア・アンカーが重視されるようになったのですか、その要因について考えてみよう。

(5) 調べてみよう。あなたが抱いている将来の夢・志とはなんですか、それを実現するために求められる知識・技能・能力とは具体的になんですか、またどのようにすれば、それらは習得できるのでしょうか、調べてみよう。

経営学のススメ⑧

自分を育てる！

　「生き学」としてのキャリア戦略を考えていくと、とくに若い世代の人びとにとって、「自分を育てる」というテーマがどうしても浮かび上がってくるように思う。

　自分を育てるのは、親や教師（指導者）あるいは大人であると考える人も多いであろう。生まれたときから両親のもとで愛されて育てられてきているし、学校に入ると、教師からいろいろ教えこまれている。そして、周囲の親しい大人から教えられることも、少なくなかったのではないかと思っている。

　それでは、これまでの自分を育ててきた親や教師、あるいは周囲の大人は、どのようなことを教えてくれたのであろうか。それらについて、なにか思い出されること（教訓となる言葉とか、話）があれば、まとめてみてほしいものである。

　ところで、皆さんは成長して、まもなく社会に参加する局面になっていることも、確かである。このような社会へテイク・オフする（飛びたつ）時期には、これまでのような他者から育てられてきた、どちらかというと受身的な自分を変えてみる必要があるだろう。他者からではなく、自分で自分を育てるという能動的な態度や姿勢をとってみることをすすめたい。

　本書では、「自主的」、「主体的」、あるいは「自覚的」などという言葉をかなり強調して使用してきた。それは要するに、このような自分で育てるという考えを大切にしたいからである。それを大切にして自分を育てるならば、「自律」だけでなく、「自立と成長」が可能になる。

　それでは、どのようにして自分を育てるのか。大学などで学習していれば当然のことであるが、自分の専攻分野をしっかり学習し、専門的な知識をしっかり習得することである。あわせて幅広い分野に関心をもち、いわゆる一般教養を身につけることが大切になる。とくに専門的な知識の習得は、将来の仕事の場では「力」となるものであり、本文でも述べたが、決しておろそかにしてはならない。

　そして、もうひとつ大切なのは、グループのなかで問題を発見したり、解決するという経験を行うことである。大学のゼミナールなどの少人数教育では数名のメンバーでいろいろなテーマについて協力しながら調査を実施し、これをレポートにして、発表したり、また企業や行政などから課題を提供してもらい、その課題を分析・検討し、さらにすすんで課題に対して解決策を提案してみることが不可欠である。あるいは、クラブやアルバイト、さらにはインターンシップなどで、他人と一緒に目標の達成にむけて活動する経験も大切である。

経済産業省のいう「社会力基礎力」は、成人が社会で生きていくために必要な能力やスキルのことであるが、それは、このようなグループ活動のなかで育成されると考える。ひとりで地味に勉強することも大切であるが、グループのワークやスタディのなかで社会人として必要なものが育てられるのである。つまり、「自力」（自分だけの力）と、「協力」（関係する人びとの力の結集）のふたつが、企業や組織のなかでは不可欠なのである。

　さて、若い皆さんは自分自身について、現状の「自力」と「協力」をどのように評価しているであろうか。自分はまだ発揮していない「地力」、つまりもともと自分自身がもっている力があるので、だいじょうぶであると思っているかもしれないが、たまには自分を省みる作業を行い、自力と協力について本当の力がどのようになっているのかを考えてみてほしい。決して、あせったり、あわてる必要はない。足りなければ、学習すればよいだけのことである。

　また、自分にはこのふたつがまったく不足していて、落ちこぼれになりそうでどうしようもないと、将来を不安に思ったり、絶望的な気分におちいらないことが大切である。成熟していないこと、不足していること、発展途上にあるのが若者の証拠である。不足しているなら、そこからスタートし、成長すればいいのである。

　その際、自分は自分であり、他人との比較をあまり意識しないことである。若い20代、そして人によっては30代、さらに40代も、長い人生のなかでは、学習の時期なのかもしれない。学習に本格的に踏みだすことが、なによりも大切であり、それが自分を育てることになる。

（設問１）　親や教師から教えてもらったことで、印象的な言葉や話があれば、列挙してみてください。
（設問２）　自分を育てることに関連して、友人や仲間の役割は大きい。友人とのネットワークはうまくできていますか。これまでの友人関係のなかで皆さんが得たもののうち、記憶に残っていることはどのようなものですか。

（齊藤　毅憲）

第9章

ビジネスを起こして生きる戦略

　現在、雇用者（雇われて働く人）に占める非正規雇用（非正社員）の比率が約4割となり、雇用が不安定化している。そして、労働力市場は流動化している。こうした状況のなかで、これまでの企業まかせのキャリア開発から、個人主導のものに変え、キャリアを自分で切り開いていくことが求められている。

　その際の有力な選択肢のひとつが、雇われて働くのではなく、自分で「ビジネスを起こして生きる」ことである。かつては、起業することは物心ともに容易ではなかったが、現在では起業の環境が整っており、起業することが現実的になっている。

　そこで、本章では、企業組織に雇用されて働くのではなくて、個人がみずから仕事を創りだし、ビジネスを起こして生きていく「起業」という新しいキャリア戦略の可能性について考察する。

　本章を読むと、以下のことが理解できる。

① わが国における起業支援策の実施状況、起業希望者の動向および開業率が低い原因など。

② 起業する際に考慮する事業内容、ビジネスモデル、事業計画書の作成、新たな起業手法など。

③ 起業の成功に求められること、つまり、成功事例にみられる起業の具体的なイメージや条件など。

④ 21世紀の企業社会では、自分で「ビジネスを起こして生きる」こともキャリア戦略の有力な選択肢であること。

第1節　わが国における「起業」の現状

(1) 低い開業率とその原因

　政府は、現在、「起業」を促進・支援するために法律の改正をはじめ取組み・政策を強化している。たとえば2006年に起業促進のための施策（最低資本金制度撤廃

など）を盛りこんだ改正会社法を施行した。また、起業支援用のエンジェル税制により、ベンチャー企業に投資する個人投資家に対して、税制上の優遇措置をとった。さらに、開業率を現在の4～5％から、2020年までに欧米諸国並みの10％に引きあげる目標を掲げて、資金調達の支援、起業家教育などを行っている。

　また、都道府県や市町村などの自治体が、起業者向けセミナーや、相談窓口による事業計画書作成のサポートや資金相談、ノウハウの指導、起業施設（「インキュベーション施設」という）の提供を行っている。

　このような行政による種々の起業支援があるにもかかわらず、わが国では起業の気運は必ずしも高まっていない。『2014年版　中小企業白書』によると、起業の希望者数は、1997年のそれと比較すると半減し、約84万人になっている。

　また、開業率は、長期にわたり低位で推移している。その理由としては、起業意識の低さ、起業後の生活・収入の不安定化、起業にともなうコストの高さや手続きの煩雑さ、などがあげられている。

(2) 起業に対する意識

　多くの日本人にとって、「仕事をする」ことの一般的なイメージは、組織に雇用されて働くことであろう。つまり、大学などの卒業後には、企業に就職し、数十年にわたって同じ組織に勤め続け、年功給のもとで給料が上昇し、定年を迎えてきた。編者のひとり齊藤は、「雇われ慣れすぎた日本人」（片岡・齊藤・佐々木・高橋・渡辺共著『はじめて学ぶ人のための経営学』文眞堂、2000年）と表現している。

　日本能率協会の「2014年度　新入社員『会社や社会に対する意識調査』」によると、独立・転職志向に関する質問で、「定年まで勤めたい」と答えた新入社員の割合が、調査を開始した1999年以来、初めて過半数を超えた。

　その割合は、とくに2008年のリーマンショック当時から高くなり、若者の間では長期雇用への意識が強まっている。近年、社会全体の雇用が不安定化し、パート・契約社員・派遣社員などの非正社員が増加するなかでは、若者が安定雇用を求めるのも当然であろう。

　一方、若者の起業意欲については、どうであろうか。人材コンサルタント大手のヘイズ・グループの調査によると、「起業に関心がない」という割合は、日本が世界13ヵ国のなかでもっとも高く、若者の起業意欲の低さが示されている（『日本経済新聞』2014年10月13日）。

NOTE

とはいえ、別の調査結果もある。日本政策金融公庫研究所「起業と起業意識に関する調査」(2015)によると、起業予備軍は全体(全国の18歳から69歳までの男女)の15.7%を占めており、若い世代ほど高い。この予備軍が、起業しない主な理由は、「自己資金の不足」と「失敗したときのリスク」のふたつである。そして、29歳以下の若者では、理由として「ビジネスの知識・アイデアの不足」が高くなっている。

第2節　起業する際の手順

(1) 事業内容の決定

起業するには、まず、いかなる事業内容にするかを決定しなければならない。この点に関して、『2014年版 中小企業白書』は、起業において「前職の企業とは関係をせずに起業した」割合が約半数を占め、もっとも高くなっている。つまり、約半数は前職とまったく関係のない新しい事業をスタートさせている。

もちろん、「前職の企業から独立したが、関係を保ちつつ起業」が約4分の1を占めており、そのあとに、「前職の企業の方針として分社化・関連会社としての起業」、「職場を退職せず兼業・副業の形で起業」が続いており、前職との関係をしながら起業、兼業、副業の事例も少なくない。

また、前出『白書』によれば、性別や年齢によって異なるが、多くは自分の得意分野で起業している。女性の場合、子育てや介護など生活関連サービス業、娯楽業、また趣味や前職での特技を活かした教育・学習支援業などが多い。

60歳以上のシニア世代では、経営コンサルタントや、営業代行などのサービス業の割合が高い。つまり、退職をきっかけに、それまでの職務経験を活かした起業が多い。

これに対して、29歳以下の若者世代では、生活関連サービス業、娯楽業やITベンチャーに代表される情報通信業の割合が高い。このうち情報通信業は、情報の伝達、処理、サービスの提供などを行う事業分野であり、ITの普及とともに急速に成長している。

また、スマート端末・スマートフォンが、商品の購入やソーシャルゲームを楽しむ携帯アプリのプラットフォーム(基盤)として重要になっており、この分野での起業がふえている。たとえば、LINEは、LINEアプリで使用するスタンプを個人で自作

し、販売できるプラットフォームを立ちあげて、人気を博している。

(2) ビジネスモデルの確定

起業する事業内容が明確になったら、どのようなビジネスモデルをとるかを決めることになる。たとえば、①仕事量に応じて報酬を受け取る受託型の個人事業、②みずから人を雇って行う事業、③アイデアはだすが、業務自体は外部委託する事業など、モデルを決めていく。

①の個人事業とは、たとえばサイト制作、テープ起こし、翻訳、ライターなどの仕事を、1件いくらという報酬制で引き受けるビジネスである。そして、フリーランスで仕事を行う場合、初めのうちは、既存の企業や個人から仕事を請け負うことが多い。

このビジネスモデルは、ひとりで引き受けられる仕事量に限界があるため、かりに仕事量が増加すれば、人を雇って仕事を割りふって任せることもある。とはいえ、②の場合、いつでも必要な人材を確保できるわけではないし、人を雇えば人件費の負担や、人を扱ううえでのリスクも生じてくる。

さらに、③の事業は、外部の専門的な人間に協力を求め、かれらをひとつにまとめていくというプロデュース型のビジネスモデルである。つまり、みずからは経営資源を多くもつことなく、アイデアやビジネスの仕組み自体だけを構築して、具体的な業務は「外注化」する。

たとえば、製造業では、工場をもたないファブレスで、製造は外部に委託し、みずからは主に企画・設計・販売を行っている。このようなプロデュース型の起業は、仕事量に応じて請け負う請負型から発展する場合もあれば、起業当初からこの形態である場合もある。

また、インターネットの発達により、個人が、ホームページ、ブログ、YouTube、フェイスブックやtwitterなどのSNS（ソーシャル・ネットワーク・サービス）を活用して集客し、アフィリエイト（成功報酬型広告）によって収入を得ることが容易になった。そして、小売業の分野では、販売をウェブだけにしぼり、店舗をもたず、箱詰めや配送も宅配業者などに外部委託し、できるだけ費用をかけないようにするビジネスモデルも多い。

NOTE

(3) 事業計画書の作成

つぎに、事業計画書、つまりビジネスプランの作成である。これは、事業内容やビジネスモデルを考え、確定する際の手助けとなるが、外部から融資を受けるには不可欠である。ベンチャー企業へ投資するベンチャーキャピタル（VC）や、金融機関から融資を受ける場合には、この事業計画の作成・提出が必要となる。

日本政策金融公庫総合研究所「起業と起業意識に関する調査」（2015）によると、起業時に事業計画書を作成した起業家の割合は、約４分の１を占めている。その内容をみると、「事業の目的やコンセプト」がもっとも多く、「商品・サービスの内容や特徴」、「起業後の収支予測」、「必要な運転資金の額」、「ターゲットとする顧客の特徴」と続いている。

この調査では、「事業規模が小さい」という理由で、事業計画書を作成しない起業家が多いが、開業費用が500万円以上であったり、借り入れがある場合は、高い割合で作成している。

事業計画書の内容例は、図表9-1にまとめられる。これを作成することで、起業における課題や優先順位が明確になりやすい。

図表9-1　事業計画書（ビジネスプラン）の内容例

1．事業概要 　　事業名 　　経営理念（事業の動機・社会の使命など） 　　会社概要 　　事業目的・コンセプト 2．事業の分析 　　市場規模と特性 　　競合状況と優位性 　　ターゲット（顧客）とマーケット・ポジション 　　問題点やリスクの分析	3．事業展開 　　商品開発計画 　　生産計画 　　販売計画・マーケティング戦略 　　人員計画 　　中期経営計画（3年〜5年くらい） 4．財務計画 　　収支計画（売上高・利益など） 　　資金計画（必要資金・調達方法など） 　　財務分析（損益分岐・財務諸表分析など）

（筆者作成）

(4) 資金の調達

最後に、資金調達の課題がある。近年、新しい資金調達の手段として、「クラウドファンディング」（crowd funding）が注目されている。これは、クラウド（群衆）とファンディング（資金調達）をつなぎ合わせた造語であるが、起業家が、立ちあげ

たプロジェクトの内容をインターネット上でアピールし、それを見た不特定多数の人に出資を依頼するという方法である。

出資者は、提示されたアイデアに賛同して資金を提供することになるが、少額出資が多いので、出資のリスクは小さい。しかしながら、賛同者が多くなると、出資総額は相当な額になり、プロジェクトをうまくいきそうにスタートできる。そのため、アメリカでは資金調達の新たな方法として普及している。

一般的なクラウドファンディングでは、出資者の資金提供に対する見返りとして、そのプロジェクトで生み出された商品やサービスを提供するなど、なんらかのリターンのある「購入型」のものが主流である。日本の代表的な事例としては、「キャンプファイヤー」（CAMPFIRE）がある。

日本では、これまで見返りのない寄付に近いものか、購入型に限定されていた。しかし、金融商品取引法改正により、2015年から1人当たりの投資額50万円を上限に、総額1億円未満の投資型の資金調達が可能となっている。いまのところ、借り入れによる資金調達がほとんどであるが、インターネットを通じた資金調達が行いやすくなり、「自己資金の不足」という問題を解消する一助になろう。

また、近年、アメリカのシリコンバレーでは、「リーン・スタートアップ」（Lean Startup）という方法が注目されている。これは、起業の初期段階にあまり資金をかけず、最低限の製品やサービスの試作品をつくって、顧客の反応を見ながら改良を繰り返し、学習の効果により、価値を高めていくことを重視している。この方法であれば、起業をためらう要因である「失敗するリスク」を減らすことができる。

第3節　起業の事例

(1)　（株）ディー・エヌ・エー（DeNA）の南場智子

DeNAは、1999年に南場智子が、アメリカのeBAYというネットオークションを参考にして設立した。まず、ネットオークション事業の「ビッターズ」を手がけ、その後、携帯電話向けオークションサイト「モバオク」、そしてインターネットゲームの「モバゲー」などの事業を展開してきた。

南場は、起業する前に、マッキンゼー・アンド・カンパニーで経営コンサルタントとしてキャリアを積み重ねている。起業のきっかけは、彼女がソネット（当時のSCN）の社長に対して、「他社に先駆けてオークション事業を立ちあげ、市場に一番

乗りするべき」と提言したのに対し、「そんな熱っぽく語るなら、自分でやったらどうだ」と返されたことである。

この一言で、いつか自分の事業計画として実現させ、みずから関わってみたいという想いが一気に表面化したという。そこで、同じマッキンゼーの同僚2人を説得し、わずか2ヵ月で会社を登記し、ソネットとリクルートという大企業からの出資を得て、ビッターズを立ちあげることになる。

南場は、現在、「横浜DeNAベイスターズ」のオーナーでもあるが、起業家の典型的な事例である。

(2) (株)リブセンスの村上太一

村上太一が大学1年生の時に立ちあげたのが、「株式会社リブセンス」である。同社は、アルバイト求人ウェブサイト「ジョブセンス」を提供している。このビジネスは、求人情報の掲載に対して求人側に費用が一切発生せず、採用という成果が出てから初めて料金が発生するという、成功報酬型のモデルである。

村上は高校生の頃からビジネスに興味をもち、多くの商品開発のストーリーを学習するうちに、ビジネスで世の中の課題を解決したいと思うようになる。高校在学中に簿記とシステムアドミニストレーターの資格を取得し、少ない資金の起業に、ITを活用したビジネスをイメージするようになった。

そして、みずからがアルバイトを探す際に感じた不便さを解消したいという気持ちをヒントにして、大学入学時にはすでに事業計画書をまとめている。大学入学後は、ベンチャー起業家養成講座を受講し、ベンチャーコンテストで優勝を目指す。起業仲間を集め、優勝のために綿密に準備を行い、そのかいあって、1年生の夏にコンテストで優勝し、翌年2006年2月には会社を設立した。

起業にあたっては、アルバイトでためた自己資金と、親からの借り入れで起業している。そして、売上が伸びない起業当初（「スタートアップ」という）の苦しい時期を、起業仲間全員が無給で働いて乗り切っている。

大学発ベンチャーや学生ベンチャーの期待が高まっているが、アルバイト探しの不便さ解消をねらった村上は、まさに学生起業家の事例となる。

(3) 社労士事務所設立のAさん

Aさん（女性）は、大学卒業後、一般企業に一般事務職として入社したが、自分

が求めているものと何かがちがうと感じる。そして、仕事をしながら、23歳の時に社会保険労務士の資格を取得したが、この時から、将来は人事労務関係のプロを目指し、いずれは社労士事務所を開業したいと考えるようになった。

そこで、企業を退職し、まずは個人の社労士事務所に就職し、その後、全国規模の人事労務アウトソーシング会社、さらに、大手銀行の人事部などで実務経験を積んでいく。その間働きながら、将来の開業を視野に入れ、関連した資格として、年金アドバイザー、ファイナンシャル・プランナー、産業カウンセラー、宅地建物取扱主任者などをつぎつぎと取得した。そして、35歳の時、自宅で開業している。

Ａさんの場合、起業を希望していたが、すぐに起業しないで、さまざまな組織で働いて、人事・労務関係の職務経験を積んでいる。起業にあたっては、営業活動は行わず、それまできずいた人脈から仕事の紹介を受けている。また、起業当初は別の職場で働き、兼業することで収入を得ていた。その後、出産・育児があったため、個人でできる範囲で事業を行っている。

資格取得が起業をうながすことは知られているが、それだけではなく、経験を積むこと、さらに人脈をつくることが大切であることをＡさんの事例は示している。

(4) 事例からわかること

３つの事例から、起業が成功する重要な要因として、起業に対する情熱、起業当初の資金繰りのきびしい時期を乗り越えること、人との関係性、自分の強みとしての専門知識・職務経験などがあることがわかる。

まず、なによりも重要なのは、起業に対する情熱である。あたり前のことではあるが、起業は頭のなかで考えているだけでは、なしとげることはできず、強い意志とそれにもとづく行動があって成り立つのである。

起業当初には、経営資源の不足、売上の伸び悩みなどはつきもので、赤字が続くことも多い。玄田有史『ジョブクリエーション』（日本経済新聞社、2004）によると、とくにむずかしいのは最初の１、２年で、２年をすぎると売上高が好転するという。

したがって、事業を軌道に乗せるには、強い精神力と生活を支える経済的な余裕をもち、南場のように、出資者を探して資金調達に努力するなど、この時期をいかに乗り越えられるかにかかっている。村上の場合は、無理な資金調達を行わず、起業の仲間とともに無給で働くことで乗り切っている。また、Ａさんの場合、起業当初は兼業

NOTE

し、収入を確保している。

　人との関係性もきわめて重要である。南場と村上は起業にあたり、プログラミングができるエンジニアなどをスカウトしている。両者の成功の要因は、優れた能力をもつ人物をみきわめ、情熱を示して仲間に巻きこみ、そして信頼関係を築いている。これに対して、Aさんの場合は、人脈を活かし、すでに多くの顧客を抱えている知人から仕事を紹介されている。

　さらに、積み重ねてきた専門知識や職務経験は強みであり、それを活かすことが成功の要因になっている。南場とAさんはまさにそうであり、村上も若いながら、資格を取得したりして、知識やスキルを習得している。

第4節　まとめ

　これまでは、個人がキャリアをつくるには、多くの場合、「雇われて働く」ことをごく自然に前提としていた。しかし、21世紀の企業社会においては、雇われずに「起業する」ことも有力な選択肢になる。

　起業の環境や条件は、社会的に整備されてきている。起業には、どのような事業内容やビジネスモデルで行うのかを明確にし、それらを明記した事業計画書・ビジネスプランの作成が必要となる。また、信頼できる仲間、人との関係性、専門知識、職務経験、起業への強い情熱、などが大切である。さらに、行政などの多くの支援策・制度を利用・活用することもできる。

　自分で「ビジネスを起す」ことは、21世紀の企業社会を生きる有力な選択肢であろう。

《One Point Column》

週休3日制への期待

働かせ方の多様化するなかで、まだ多くはありませんが、週休3日制を実施しようという企業が出てきています。労働力不足のなかで、これを動機づけにしようと考えているのかもしれません。「週休2日制」から「3日制」への移行を期待するところです。

(1) 本章の内容を要約してみよう。

(2) 本章を読んだ感想を書いてみよう。

(3) 説明してみよう。

① 事業計画書とは、なんでしょうか。

② クラウドファンディング（crowd funding）とは、なんでしょうか。

③ ファブレスとは、なんでしょうか。

(4) 考えてみよう。なぜ近年になり、「起業」が注目されるようになったのでしょうか、その要因について考えてみよう。

(5) 調べてみよう。あなたの身近にいる起業した人の事例で（もしくは Web で入手した情報で）、その動機・業容・経過・業績などを具体的に調べてみよう。

経営学のススメ⑨

スモール・ビジネス（小さな企業）に「強み」はあるのか

　中小企業とは、「中小企業基本法」によれば、製造業・建設業・運輸業の場合は資本金3億円以下または従業員300名以下、卸売業は1億円以下または100名以下、サービス業は5千万円以下または100名以下、小売業は5千万円以下または50名以下の企業とされている。

　わが国で中小企業は、企業総数の99％以上を占めているが、さらに、そのなかでも小規模企業といわれる小さな企業は、約90％を数えるという。この小規模企業は従業員数だけが基準になっており、製造業などは20名以下、卸売業は5名以下、サービス業は5名以下（ただし、宿泊業・娯楽業20名以下）、小売業は5名以下となっている。

　近年、わが国ではこの小規模企業の減少が目立っている。人口の減少によって地域が衰退するといわれているが、それだけでなく、この小規模企業が年々減っていることも、地域の衰退に大きくかかわっている。したがって、小規模企業を元気にしたり、第9章や第10章で述べる「起業」を推進することが大切なのである。

　ところで、小さな企業は、"経営が安定していない"、"生産性が低い"、"競争力が弱い"、"賃金などの労働条件が悪い"、"景気や大企業の影響を受けやすい"、"経営資源（ヒト、モノ、カネ、情報など）が不足している"、"全国的な知名度がない"などといわれ、弱点だけが問題にされてきた。たしかに、大企業に比較すると、このような弱点の指摘は当たっているかもしれない。

　しかし、小さな企業にも長所というか、強みはある。たとえば以下のような強みである。

　第1の強みは、企業経営の全体を実感できることである。規模が小さいから、働いている人びとからみると、その企業がなにを目的に活動しているかが容易に理解できるし、どのような方向にむけて仕事を行い、どのくらい成果をあげているかは、勤続経験が少ない人間でも理解できる。大企業では規模が大きいだけでなく、多様な活動を展開しているので、全体の動きを把握することは困難であるが、小さいことが、それを可能にしている。そして、経営がうまくいっているとか、いないなどといった実感は、仕事への動機づけを左右する。

　第2の強みは、大企業とちがって、経営者（社長）との距離がきわめて近いことである。従業員が少なくて組織の階層が少ないので、日々社長と直接に接触しながら仕事を行っている。したがって、社長の考えや思いが即座に伝わることになり、コミュニ

ケーションがスピーディに行われる。

　第３の強みは、人材育成の機能がすぐれていることである。小さな企業は人材がそろっていなかったり、不足していることがあるので、働く人びとはどのような仕事もこなせることが求められる。大企業であれば、人材が多いので、きわめて細分化された仕事だけを担当すればよいが、小さな企業ではそのようなことが許されない。このように小さな企業には、なんでも担当し、こなせる人材を育成する機能がある。

　第４の強みは、小さな企業でもしっかり生き続けている企業には、経営能力のある経営者がいることである。すでに述べたような弱点があるにしても、生き残っている企業の経営者は、弱点をものともせずに活動している。小さな企業にもすぐれた経営者がおり、そのような企業で働くことも、キャリアにとってよい選択になるであろう。

　第５の強みは、企業のオーナー（出資者）が同時に経営者であるから、責任のある経営ができる。大企業では、オーナーではなく、経営のプロ（専門家）が経営を行っている。かれらは経営（マネジメント）能力はもっているかもしれないが、オーナーとは異なり「自分の会社である」という意識が、うすくなりがちである。小さな企業の経営者は自分の会社であるから、がんばれるし、それとともに責任をもって経営している。

　第６の強みは、大企業と異なって、小さな企業は立地している地域を大切にし、地域密着の経営を行っている。大企業は、地域への参入や退出も自社の利害を基準にして行うが、小さな企業は、基本的に自社の利害と同時に、地域への愛着や貢献を大切にした経営を行っている。

（設問１）　小さな企業の強み、いいところは、なんでしょうか。
（設問２）　地域の衰退という現象は、なぜ生じるのでしょうか、その要因を調べてみよう。

　　　　　　　　　　　　　　　　　　　　　　　　　　（齊藤　毅憲）

第10章
社会的企業を起こして生きる戦略

　人はなんのために働くのか。大きな理由は、生活の糧（かて）を得るためであろう。だが、それだけではない。たとえば、「困っている人を助けたい」、「故郷の力になりたい」、「社会を変えたい」、そのような気持ちも、大きなモチベーション（動機づけ）となろう。社会的な課題が多様化・複雑化している現代、人びとの生き方・働き方も多様化しており、他者との絆（きずな）やコミュニティ（地域社会）をベースに、「豊かな人生」、「やりがいのある仕事」、「社会性のある生き方」を求める人びとはふえている。また、社会的な課題をビジネスの手法で解決する「社会的企業」の担い手は「社会的起業家」（ソーシャル・アントレプレナー）と呼ばれているが、その期待も大きくなっている。

　アメリカでは、社会問題の解決に取り組むベンチャー企業（ソーシャル・ベンチャー）がつぎつぎに生まれ、この分野へ就職を希望する学生も少なくない。実際に、アメリカの大学生の就職人気ランキングの上位には、教育問題に取り組む「NPOティーチ・フォー・アメリカ」（Teach For America）が浮上している。そして、社会的企業や社会起業家に関する著作がベストセラーになるなど、関心は高まっている。

　本章を読むと、以下のことが理解できる。

① 社会的企業とは、社会的な課題をビジネスの手法で解決しようとする事業体であるということ。

② 社会的企業をつくる際には、どのような社会的な課題を解決するのか、その問題意識やミッションを明確化することが大事であること。

③ 社会的企業で働くことも、キャリアの有力な選択肢のひとつであること。

第1節　社会的企業の意味

(1) 期待される「社会的企業」という存在

　経済学でいう政府と市場は、政府や自治体などの公共セクターと、私企業からなる

営利セクターのことである。次章で扱うNPO、さらにNGO、市民団体、その他の非営利団体は、第3の存在ということでサードセクターと呼ばれ、これまでは政府と市場を補完するものとして認識されてきた。

しかし、たとえば、環境問題、格差と貧困の問題、教育問題など社会的課題が多様化し、複雑化している現状にあっては、どれかひとつのセクターがその解決にあたることは困難であり、むしろセクター間の協働が重要になっている。

公共セクターや営利セクターは、主要なステイクホルダーである有権者や株主などの利害によって活動が制限されるが、サードセクターには機動力と柔軟性があり、さまざまな組織と協働しながら問題解決にあたることが可能であるため、社会変革の担い手として期待されている。

さらに、社会的課題そのものをビジネスのシーズ（種）として扱い、その解決を目的とする「ソーシャル・ビジネス」や、社会的課題にビジネスの手法で取り組む事業体、すなわち「社会的企業」、「ソーシャル・エンタープライズ」が出現し、サードセクターは、営利と非営利の融合といえるハイブリッド型へと進化している。

このように、社会的企業は新しい存在であるが、新規立ちあげのベンチャーだけが社会的企業ではない。事業を継続し、信頼を築きあげ、地域で活動している大企業や中小企業は、「第2、第3の創業」と称して、環境変化のなかでの生き残りを目指して、新たな事業展開をはかっており、現在では、地域のネットワークを活かして社会的領域を事業に取りこむことによって、社会的企業にシフト（移行）するという戦略をとることも考えている。そして、それにより、地域再生や経済活性化も期待されている。

(2) 社会的企業の事業性

これまで日本では、社会的な課題に取り組む良心的な存在は、慈善やボランティアであるとイメージされてきた。また、NPOなどの非営利組織は、「非営利」であるから、利益を求めない、お金もうけをしない、との誤解もある。

しかし、社会的企業といえども、ビジネスが主体であり、当然利益を追求する。社会的企業が提供する製品やサービスは無償ではない。ただ一般の企業と異なるのは、金銭的な利益追求が最終目的ではない、という点である。

事業を行う目的は、社会的なミッションの達成であり、成果は社会へのインパクトである。そのためには、活動資金を稼ぎ、事業継続にそなえる採算面もきびしく

チェックされる。ここでは、利益追求と社会的使命の追求があい反するものではなく、両者が追求されなければならない。

社会的企業に求められる要件は、谷本寛治『ソーシャル・エンタープライズ』（中央経済社、2006年）によれば、「社会性」、「事業性」、「革新性」の3つである。

まず、社会性とは、事業活動が社会的課題の解決というミッションを担うということであり、従来の手法ではできなかった社会的な成果を生みだすことが求められている。

つぎの事業性とは、この社会的課題の解決にビジネスの手法を用いて取り組み、収益事業として成り立たせることである。具体的には、事業性の高い社会的サービスを開発したり、マーケティングの手法を導入して売り上げを伸ばしたり、ステイクホルダー（利害関係集団）に対して説明責任を果たしたりする、ことである。事業性の確保のためには、高いプロ意識（プロフェッショナリズム）をもち、イノベーションの機会を察知して、ビジネスとして成り立たせることが必要となる。

さらに、革新性とは、これまでにない新しい社会的製品やサービスを生みだしたり、新しい仕組みの構築に挑戦したりして、「社会的革新」（ソーシャル・イノベーション）を引き起こすことである。それには、既存の制度や仕組みに対して単なる批評や異議を述べるのではなく、それに代わるものを創造していくことが必要になる。

以上のように、社会的企業には「社会性」、「事業性」、「革新性」の3つの要件が求められている。

したがって、社会的企業で働く人びととは、もちろん収入のないボランティアではなく、報酬を得ている。しかし日本では、NPOスタッフの収入は、一般企業の勤労者に比べて低い。それに対しアメリカでは、社会的企業の経営者であれば、年収10万ドル（約1,000万円）程度は得ている。

たとえば、ファンドレイザー（fundraiser）と呼ばれるNPOのための資金集めのプロは、平均年収が約800万円、高ければ数千万円にもなっている。億単位の補助金や寄付金を集めてくるような優秀なファンドレイザーには求人が多く、ヘッドハンティングの対象にもなっている。

このように、社会的企業が事業体として発展しているアメリカでは、営利セクターからサードセクターへ、サードセクターから公共セクターへと、セクター間に人的資源の流動性もあり、優秀な人材が社会的企業で働くという土壌ができている。

(3) 社会的企業の形態

　現在の日本では、社会的企業の法的な位置づけは明確ではない。利益追求と使命追求を同時に行う社会的企業は、どのような形態をとるのであろうか。それは、図表10-1に示される。

　まず、非営利組織、営利組織のふたつに大別される。非営利の組織形態のなかにNPO（特定非営利活動法人）があり、現在の日本では、社会的企業の約半数がNPOである。非営利と営利の中間領域には、中間法人、協働組合などがある。とくにヨーロッパでは、協働組合形式の活動が盛んである。また、この中間領域には多様な形態が含まれている。

　営利組織の形態として、株式会社などのいわゆる「会社」が運営する社会志向型企業があり、狭義のソーシャル・エンタープライズはこれを指している。また、一般企業が行うCSR（企業の社会的責任）の一部となる社会貢献的な活動も、社会的事業といえる。

図表10-1　社会的企業の形態

非営利組織形態	NPO法人、社会福祉法人など	
	中間法人、協働組合（ヨーロッパでは多様な形態）	
営利組織形態	株式会社／有限会社	社会志向型企業
		企業の社会的事業（CSR）

（出所）谷本寛治編著『ソーシャル・エンタープライズ―社会的企業の台頭』中央経済社、2006年、7ページ。

(4) 社会的企業の事例

① グラミン銀行

　世界でもっとも有名な社会的企業は、バングラディッシュの「グラミン銀行」であろう。グラミンとは、ベンガル語で「農村」を意味するが、農村の主に女性の貧困層を対象に無担保小口融資（マイクロクレジット）を行い、それによって多くの女性たちが裁縫用のミシンや、果物の苗木を購入できるようになり、自立への道が開かれていった。

　グラミン銀行の創立者は、ムハンマド・ユヌスである。2006年にノーベル平和

賞を受賞すると、その活動は世界中に知られ、それとともにマイクロファイナンスの手法は、途上国のみならず、先進国でも広がっている。バングラディッシュでは、グラミン銀行の活動から、多くの事業体が生まれている。

貧しい人びとへ通信サービスを提供するグラミン・テレコム、ローンや奨学金によって教育支援を行うグラミン・シッカ、農村の子供たちに栄養強化ヨーグルトを届けるグラミン・ダノンフーズなど、20以上の事業体が成長・発展した。そして、それは、「グラミン・ファミリー」と呼ばれる企業グループを形成するに至っている。

② ビッグイシュー日本

「有限会社ビッグイシュー日本」は、私たちの身近かにある社会的企業である。この企業のミッションは、『ビッグイシュー』という雑誌を販売する仕事を提供することにより、ホームレスの人びとの自立を支援することである。

雑誌『ビッグイシュー』は、1991年にイギリスで生まれ、2003年に日本版が創刊された。販売員はホームレス状態にある人びとで、この雑誌を定価350円で販売すると、180円が収入になる。開業当初の10冊は、会社から無料で提供され、その売り上げ（3,500円）を元手に、それ以降は1冊170円で仕入れを行う仕組みである。1日に20冊程度を販売できれば、簡易宿泊所などに泊まることができ、路上生活から脱出できる。このように、収入を得る機会を提供するという方法で、ホームレス問題という社会的課題に取り組んでいる。

③ TABLE FOR TWO International

「特定NPO法人 TABLE FOR TWO International」の活動も注目されている。TABLE FOR TWO（TFT）とは、直訳すると「二人の食卓」である。つまり、私の食べる1食分が、地球上のもうひとりの1食分になる、というコンセプトである。現在、世界の約70億人のうち、約10億人が飢餓や栄養失調の状態で苦しむ一方、約10億人以上の人びとは食べ過ぎが原因で肥満状態にあるという。この深刻な食の不均衡の社会的問題にいどんでいるのが、TFTである。

その仕組みは、TFTプログラムが提供するメニューの食事を注文すると、そのうちの20円が途上国の子供たちの学校給食費用として送金される。20円という額は、途上国の給食1食分の金額に相当するので、それで子供たちの給食費をまかなえる。

このメニューは、学生食堂や社員食堂、レストランやコンビニエンス・ストアで食べることができる。このNPO法人は、2007年に日本で設立され、現在、その活

動はアメリカ、フランス、スイスをはじめ、世界 12 ヵ国に広がっている。

第 2 節　社会的企業の起こし方

(1)　問題意識とミッションの明確化

　社会的企業を立ちあげる際にもっとも重要なことは、明確なミッションをもつことである。どのような社会的課題にいどみ、どのような問題を解決したいのか。これが明確でなければ、ビジネスモデルを作成することも、人や資金を集めることもできない。

　このミッションのヒントは、社会的企業の 3 つの事業領域にある（谷本、前掲書）。

① 政府や自治体が独占的に提供してきた領域

　　教育や健康福祉、さらに途上国支援などは、これまで政府や自治体が独占的にサービスを提供してきた。しかし、財政難や価値観の多様化により、これまでのようには対応できない場合が多くなっている。また、規制緩和によって、民間参入が可能な領域もふえている。

② 政府や自治体のタテ割行政的な対応からこぼれ落ちてきた領域

　　外国人労働者とその家族に対する子育て支援の問題などは、複数の領域にまたがっており、これまでのタテ割行政では対応がむずかしい。このような事案の対応には柔軟さが求められるが、政府や自治体はそれを苦手としており、社会的企業の活躍が期待される。

③ 市場の論理では事業が成りたちにくかった領域

　　これまで公的サービスがあたりまえで、ビジネス化が検討されてこなかった事案（たとえば、まちづくり）や、市場が小さくて、利益を得る機会が少ない領域（特定の病気や障がいをもった人びとへのサービスなど）には、社会的企業が新規事業を立ちあげる余地がある。

(2)　社会的課題の発見

　解決が必要な社会的課題は時代とともに変化し、地域によっても異なる。

　たとえば、アメリカにおける緊急を要する社会的な課題は、「コミュニティにおける犯罪」、その根底にある「貧困問題」の解決である。都市の荒廃した地域（スラ

ム）に住む若者が、十分な教育を受けられないことで、ストリート・ギャングに取りこまれ、犯罪者になってしまうというケースがある。

その解決法として、職業訓練や住宅の仲介、マイクロ・ローン（少額の貸つけ）の実施などの対策が検討されている。そのような若者教育のために、チャーター・スクールを創設する動きもある。新しいリーダーや教育者を育成する団体（一例として、New Leaders for New Schools）が社会的企業として活躍している。

そして、ヨーロッパでは、「社会的排除」の問題が深刻である。移民や都市貧困層の若者などが、無知と貧困や言語能力不足により、社会とかかわることができず、社会的交流や権利から切り離され、排除されてしまっている。

その結果、孤立感を強めた人びとの一部は、過激思想やテロリズムに共感して、ヨーロッパ社会を揺るがす問題を起こしている。これに対する対策として、多様な存在を再び社会に迎え入れるための、「社会的包摂（ほうせつ）」という活動が推進されている。

日本では、世界に例をみない速さですすむ「少子高齢化」が、深刻な問題である。また、拡大する社会的な格差のなかで、「子どもの貧困率」は最悪を更新し続けている。さらに、日本は自然災害の多い国であり、「防災・減災」というテーマも重要である。

このように、世界には取り組まなければならない社会的課題が無限にある。これらを、ビジネスを生みだすシーズ（種）と考えれば、ビジネスを立ちあげる際の第一歩は、情熱をもって取り組める良いシーズを発見することである。

(3) 資金の調達

社会的企業にとっての最大の課題は、資金調達である。それは「ファンドレイジング」（fundraising）と呼ばれ、これを担当する人が、前に述べたファンドレイザーである。ファンドレイザーには、金融上の知識だけではなく、広報やマーケティングのスキルも求められる。

資金の調達には、以下のような方法がある。

① まずは、自己資金は、企業を立ちあげる初期の活動資金として不可欠である。したがって、起業のための準備は、なによりもみずからの貯金から始まる。
② つぎに、金融機関から融資を受けたり、親族や友人から借金する。ただし、必

要資金の半分以上を融資や借金に依存すると、倒産率は8割になるともいわれる。

③　ビジネスプランのコンテストなどに応募して、資金を得ることもできる。社会的企業への関心が高まるなかで、ソーシャル・ビジネスを対象としたビジネスプランのコンテストもふえている。政府や自治体主催のものから、地域の産業振興団体、民間主催のコンテストがある。このようなコンテストは、賞金獲得だけではなく、賛同者を得るための機会でもある。

④　政府、自治体からの助成金や補助金を得られる場合がある。取り組む社会的課題の領域にもよるが、たとえば、東北復興支援や子育て支援など、政府の重点課題の領域であれば、さまざまな補助金がある。

　また、いくつかの財団や団体が、ソーシャル・ビジネスであれば、分野を問わずに助成をしている。さらに、民間企業がCSR（企業の社会的責任）の一環として助成する場合もある。たとえば、日本経済新聞社は、2013年から「日経ソーシャルイニシアティブ大賞」を主催して、ソーシャル・ビジネスのすぐれた取り組みを表彰している（賞金100万円）。

⑤　広く寄付金をつのり、資金を調達することもできる。たとえば、会員制やサポーター制を導入して、会費という形式で継続的な支援を依頼したり、基金を設立して寄付金をつのることもできる。

　チャリティ・イベントやパーティの開催による寄付集めは、日本ではあまり見かけないが、海外では大小さまざまな形で日常的に行われている。社会的企業もイベントを開催して活動をアピールし、大口の寄付者から資金を得ている。

⑥　広く出資者をつのり、資金調達することもできる。事業のミッションを伝え、出資者を集めるという方法である。最近では、収益だけでなく、社会的課題の解決、社会や環境への貢献を重視した「インパクト・インベストメント」（Impact Investment）に注目が集まっており、インパクト・インベストメント専門のファンドも設立されている。

⑦　クラウドファンディングという手法も活用されている。これについては、前章第2節の(4)の説明を参照してほしいが、資金を求める団体と、新しいアイデアや世の中のためにお金を使いたい個人との出会いの場になっている。

　以上のいずれの方法にしても、社会的企業が継続的に資金を獲得するには、ミッ

ションへの共感を得ること、成果として社会的インパクトを示すことが重要であり、このふたつを情報発信する力の強化が社会的企業には求められている。

第3節　まとめ

多様化・複雑化する社会的課題の解決にむけて、いまや社会的企業の果たす役割は大きく、期待が寄せられている。社会的企業は公共セクター、営利セクターも巻きこみつつ、これまでにない発想で社会的製品やサービスを新しくつくりだし、「社会的革新」（ソーシャル・イノベーション）をけん引する主体として成長していくであろう。

私たちの身辺にあるさまざまな社会的課題を解決するには、社会の構成員である私たち自身が問題解決に関心をもち、傍観者にならないことが必要である。社会的企業を起こす前に、まずは社会的企業の活動に参加することをすすめたい。社会的企業の商品を購入したり、ワークショップやイベントに参加したり、クラウドファンディングで少額の寄付や投資を行うこともできる。

TwitterやFacebookなどのSNSで、「いいね！」を押すだけでも、活動に加わったことになるであろう。とにかく「参加する」こと！　そこから新たなテーマ、ビジネスのシーズ（種）を見つけることができると考える。

日本ではまだ、大学卒業後すぐにNPOやNGOへの就職を考える人は少ないが、これからの時代には、キャリアのなかに社会的企業で働く、社会的企業を起こすという選択肢も入ってくるようになるであろう。

《One Point Column》

すすむ「子づれ出勤」

女性の働きやすい職場づくりが進んでいますが、中小企業などでは、「子づれ出勤」を認める企業がふえています。社内託児所を設置できない企業も多く、職場そのものをうまく活用して、子供が母親の近くにいられる状態をつくっています。女性の能力を発揮させたい企業の試みです。

(1) 本章の内容を要約してみよう。

(2) 本章を読んだ感想を書いてみよう。

(3) 説明してみよう。

① 「社会的企業」とは、なんでしょうか。

② ファンドレイジング（Fundraising）とは、なんでしょうか。

③ 特定非営利活動法人とは、なんでしょうか。

(4) 考えてみよう。「高齢化がすすむなかで、飼い主の死亡により取り残されるペットがふえている」が、この課題を、社会的企業として、どのように解決し事業化すればいいか、そのビジネスプラン（事業計画書）を考えてみよう。

(5) 調べてみよう。クラウドファンディングやファンドレイジングについて、その具体的な事例を調べてみよう。

経営学のススメ⑩

女子学生のために

　女子学生が自分の就職・進路を考えるとき、身のまわりの社会環境との関係について固有の問題をもち、しばしば悩むものである。たとえば、「就職してもずっと働き続ける」のか、それとも「結婚を機会に退職して専業主婦になる」のか、また「結婚して出産したら、保育所などを利用して仕事を続ける」のか、それとも「出産時に退職し子育てが一段落したら、再び働く」のか、などの悩みである。

　また、そのような生き方・働き方との関連で、就職は「総合職か、一般職か」、「正規雇用か、非正規雇用か」、「民間企業か、公務員か」など、目の前の選択肢が多いほど悩みは多い。

　これらの女子学生固有の悩みは、一方では、職業生活や家庭生活のきびしさに由来している。たとえば、サービス残業を含めた長時間労働、「仕事と暮らしの両立」の困難さ、社会的に根強い性別役割分業意識、保育所などの社会的インフラの未整備状況、先行き不透明な生活の不安などの、身のまわりの暮らしの環境のきびしさである。他方、これらは、そのようなきびしい条件下で、自分は何を求めて、どのように働き、どのように生きていくのか、という人生観・職業観・価値観にも関係している。

　前者は社会政策の問題であり、男女ともに働きやすく暮らしやすい社会の実現が求められるが、後者は、生き方・働き方について、自分の考え方が確立しているかどうかの問題である。

　皆さんが卒業後にどのような職場で働き、どのような人生を送るのか、すべてが自由であり、ひとつの「正解」があるわけではない。それだけに、生き方・働き方についての悩みも大きいのかもしれない。ただいえることは、「思いこみ」や「かん違い」をとり除き、次のような状況を冷静によくみて、自分の進路の意思決定をしてほしいと思う。

　現在、日本は少子高齢化社会が到来し、労働力人口は確実に減少している。したがって、日本経済の規模が縮小しない限り、「男性」の労働力だけで、それを担うことは不可能である。

　近年、男女共同参画社会基本法、育児介護休業法などが施行され、日本社会の大きな流れは、男性も女性も共同して働く方向に向かっている。女性の高学歴化にも関係しているが、いま職業生活における男女共同参画は大きく進展している。すでに女性労働力人口の半分以上は働いている。そして、共働き世帯数が片働き世帯数よりも多くなっており、専業主婦は減少している。

　働く女性の半数は、パート・契約・派遣など非正規雇用ではあるが、その一方で、絶

対数は少ないとはいえ、女性の社長・取締役は確実に増加している。また、これまでオトコ社会といわれたような職場で、多くの女性が進出して活躍している。バスやタクシーの運転手はいまや珍しくなく、新幹線の運転士や、飛行機のパイロット・機長でも女性がごく普通に活躍する時代になっている。
 職業生活の場だけでなく、家庭生活・社会生活においても、男女が共同して参加する方向に進んでいる。さらに広く、政治・文化・学術など、社会の多方面で女性の進出はめざましい。
 いまや、女性の活躍を期待する社会政策は、日本社会の共通の課題であり、政府もそのための取組みを強化している。かつて、「女に生まれて損した」という時代もあったが、現代は必ずしもそうではない。「ラクをしてお給料をもらいたい」のなら、女性に限らず、就職はあきらめるほうがいいが、働く「意欲と能力」があれば、道は広く開かれている、といってよい。いま一度、日本社会の最新の動向と自分自身を見つめ直すことが求められている。
 どのような生き方・働き方を選択するにせよ、自分の職業意識を向上させ、自分の人生観を確立していることは不可欠である。自分の人生観・職業意識がしっかりしていないと、どのような職場を選択して、どのような生き方・働き方をすればいいか、将来のビジョンを決定できない。それは、人生の荒波に流されず、自分をつなぎとめる「碇」のようなものであり、キャリア・アンカーとも呼ばれている。
 これを自覚するとともに、自分のキャリアビジョンを実現するための職業能力の開発・修得が求められている。それは、「資格」に代表されるような専門的な職業能力とか、なんらかの特技・スキルであり、雇用され得る能力（エンプロイヤビリティー）である。それらは生きていく際の強力な武器となって、皆さんの人生を力強く支えることであろう。
 皆さんが、日本社会で働く女性をめぐる否定的な側面ばかりに目をうばわれると、絶望的な気分になるかもしれない。だからこそ、働く者の肯定的な側面を主体的に切り開くことのできる「自律型人材」、「自立した個人」になれるよう、学生生活を充実させてほしいと思う。
 あなたの人生である。どうか主体的に前向きに道を切り開いてください。「生きるために学び、学ぶために生きよ」。

（設問１）　あなたは「男は仕事、女は家庭」という考え方をどのように思いますか。
（設問２）　増加している女性の社長・経営者の活躍ぶりを調べてみよう。

（渡辺　峻）

第11章
NPOで働いて生きる戦略

　私たちは、阪神淡路や東日本の大震災を経験して、人生や社会には、物質的な豊かさをこえた大切なものがあることに気づいた。それにともなって、非営利組織（NPO, nonprofit organization）の活動に対する社会的な関心が拡大してきた。本章では、NPOが果たす役割、そこで働き、生きることの魅力について考えたい。
　本章を読むと、以下のことが理解できる。
① わが国は第二次世界大戦後（1945年）、「経済大国」にのぼりつめて、物質的な豊かさを手に入れたが、その反面で、経済偏重という社会的なゆがみを生んでしまった。そのような状況のなかで、NPOへの関心と期待が高まってきたこと。
② NPOの経営は、企業と比較すると、共通性もあるが、ちがいもある。NPOの場合には、提供するサービスの卓越性の源泉は、組織独自がかかげるミッションにあり、経営の根幹は、「ミッション・ベイスト・マネジメント」（高まいな使命にもとづく経営）であること。
③ NPOでは、組織にも個人にも、信念と機能が求められる。真の豊かさを得るには、信念というタテ軸を確立しつつ、この信念を現実の生活領域で活かす機能というヨコ軸が不可欠である。NPOのミッションと、仲間との協働が重なることで、「組織と個人」の同時的な発展が可能になること。
④ NPOで働くことは、魅力であるとともに、限りない自己実現の場でもあり、21世紀の企業社会において、キャリア戦略的な観点からも、有力な選択肢であること。

第1節　現代の日本社会におけるNPO

(1) 現代日本の立ち位置
① 焦土から経済大国へ
第二次世界大戦に敗れたわが国は、爆撃によって徹底的に破壊された焦土の復興か

ら新しく出発した。生産設備を失い、天然資源にも恵まれない状況のなか、経済復興には困難が予想された。「焼け跡」、「食糧難」などが、敗戦直後の日本を象徴する言葉であった。しかしながら、国民の復興への意欲は高く、その後、第4章でも述べた日本的経営というユニークな制度のもとで、復興を着実に実現させた。

戦争中の天皇中心の「国家」への忠誠は、その対象を「会社」へと転換し、経営家族主義の意識をつくりあげ、「わが社」のためには骨身惜しまず働く「会社人間」を生みだした。このような経過を経て、1968年には、日本はアメリカに次いで世界第2位の経済大国にのぼりつめ、世界の注目を集める。

その後の日本経済は、オイルショック、円高、バブル経済とその崩壊、長期の経済の低迷などの困難に直面してきたが、現在も依然として経済大国であり、国民の経済に対する期待も衰えることなく持続している。

② 経済発展の恩恵と副作用

このようにして、日本は経済による豊かさを獲得することができた。しかしながら、同時に経済成長がもたらしたマイナスの側面である副作用の発生も認めなければならない。それは、社会的格差の拡大、非正規労働者（非正社員）の増加、企業不祥事の続発、地球温暖化などの環境問題の深刻化、などである。そして、コスト削減と利益拡大へのあくなき追求は、ブラック企業といわれるものも生みだしている。また、広い意味では、東日本大震災による福島原発の事故も、この副作用といえるだろ

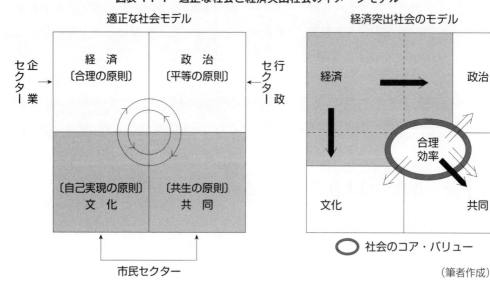

図表 11-1　適正な社会と経済突出社会のイメージモデル

（筆者作成）

う。
　つまり、社会は、図表 11-1 の左側に示されるように、経済、政治、文化、共同の機能の適切なバランスが期待されている。
　しかし、わが国の戦後社会は、「経済」にかたよって軸足をおいたことにより、その分野が拡大・突出してしまい、社会全体のバランスを崩してしまった（図表 11-1 の右側）。そして、「政治」のほとんどが経済のサポートのために機能し、その結果、社会や人間のあり方・価値観を問う「文化」や、人間同士のきずなを深める「共同」の世界を、相対的に圧縮させてきた。つまり、経済の原則である「合理や効率」が、日本の社会全体を支配している。
　1990 年代のバブル経済崩壊後の長期に停滞した日本経済を再活性化するため、政府は「失われた 20 年」を取りもどそうと、「構造改革」をかかげて国民の支持を得てきた。そして、そこでは、経済の停滞が「失われた」もののすべてであるかのように表現されたが、それ自体のなかに、経済偏重の考え方がみてとれる。社会は経済を内包する大きい存在であって、経済は重要ではあるが、あくまでも社会の一部として位置づけられるものである。

(2) NPOへの関心と期待
① 真の構造改革
　この構造改革は、経済の再活性化を目的にしていた。経済の発展はたしかに必要ではあるが、わが国の社会にとってさしせまった課題は、圧縮されてしまった「政治」、「文化」、「共同」の機能を大幅に拡大し、それにより社会全体のバランスを回復することである。それが、いま求められている真の構造改革であろう。
　「経済」は主に企業が担い、「政治」は行政が担い、「文化」と「共同」こそは、NPO が担う領域である。非営利の民間組織である NPO の活動は、物質的な豊かさではなくて、目に見えない価値を重視する。その意味で、NPO こそが現在求められている構造改革の主役として期待されている。
　前述したように、わが国の社会の「主流」は、相変わらず経済への関心である。しかし、阪神淡路や東日本の大震災の経験により、目に見えるモノは崩れるという現実を知り、NPO が提示するような、目に見えないものの大切さを見直すことになった。これを社会の「本流」と呼ぶことにより、これからの日本社会が構想できるであろう。

NOTE

② 市民社会への道

これまで、わが国では市民の主体性にもとづく市民社会は育ってこなかった。「私」の領域は企業が担い、みんなの領域である「公共」はもっぱら行政が担ってきた。一部のNPOのみが、行政の許可のもとで公共の働きが認められてきた。大震災をきっかけとして、NPO法人や社団・財団の制度の規制が緩和されたことは、新しい「本流」が台頭してきた結果として評価できる。

本来、「公共」は、行政のみならず民間もかかわる市民の領域である。それを個人ではなく、組織としてかかわるのがNPOであり、そこに参加する専属スタッフやボランティアの活躍が期待されている。市民が、行政の下請けではなく、行政と協働しつつ、主体的に貢献していく。そのことによって、初めて市民社会が形成されていくであろう。

いま求められる真の構造改革は、行政、企業、NPOが本来の独自の働きを拡大させて、よりよい社会のために協力・協働し、ときには相互にそれぞれのあり方をけん制しあうことにより実現される。そして、その主役は、市民主体のNPOである。

第2節 NPOの経営上の特徴

(1) 企業とNPOの経営比較

① 経営の骨格

企業、行政、NPOを問わず、組織における経営（マネジメント）は、図表11-2のような骨格をなしている。つまり、経営が組織の目的を達成し、維持・発展を図るための働きであるとすれば、あらゆる組織における経営の基本的な骨組みは共通している。それをエンジンにたとえると、事業展開はその機構であり、人材活用はガソリンであり、そして、リーダーシップはプラグということになる。プラグによって点火され、圧縮されたガソリンがエンジン機構のなかで起爆し、巨大なエネルギーを出力

図表11-2　経営の骨格

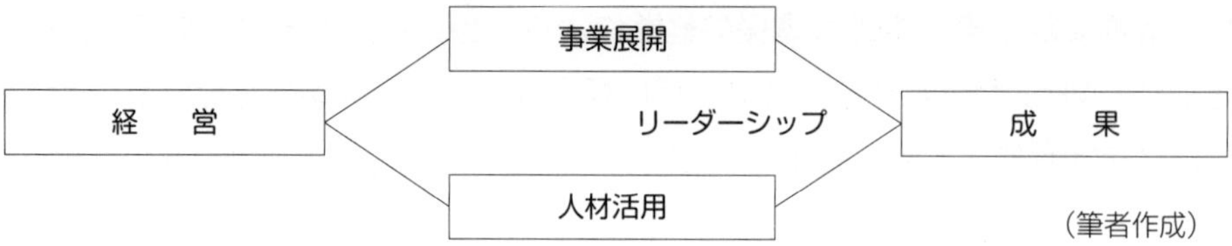

経　営　→　事業展開／人材活用　→　リーダーシップ　→　成　果

（筆者作成）

する。

かつて、一部に経営は企業の金もうけのためのものという誤解があった。しかし、企業だけでなく、行政もNPOも、組織であるかぎり、それぞれの組織目的を達成し、成果を得るために経営を真剣に考え、実行しなければならない。したがって、NPOは単に立派な「信念、つまりミッション」をかかげるだけではなく、その組織目的を達成し、具体的に成果をあげなければ意味がない。

② 異なる成果目標

企業とNPOでは、成果を求める経営の骨格は同じであるが、達成すべき成果目標は異なっている。企業の目標は、一般的に、製品やサービスという経済価値を社会に提供することによって、利益を獲得することにある。これに対して、NPOの成果目標は、それぞれの組織が独自にかかげるミッションの実現にある。NPOにとっても利益は大切であるが、それは成果目標ではなく、ミッションを実現するために必要な条件である。

このように、NPOと企業は達成する成果目標が異なるので、それぞれの経営の骨格を運営するプロセスと内容には、大きなちがいが生じてくる。

③ 事業展開と人材活用におけるちがい

企業における事業展開は、顧客のニーズを満足させて対価を得ることである。これに対して、NPOでも利用者ニーズへの対応は必要であるが、その際に、NPOのミッションを、利用者ニーズと一体化させて提供しなければならない。そうでないと、ミッションの実現という成果は達成できない。

NPOの人材活用やリーダーシップでは、働く人びと（専属スタッフとボランティア）の貢献意欲と管理が重要である。NPOにかかわる人間は、多かれ少なかれミッションに共感し、組織に参加している。したがって、その思いに配慮し、参加型のリーダーシップを採用することが重要である。

(2) ミッション・ベイスト・マネジメント

① 卓越性の発揮

企業であれ、NPOであれ、すぐれた製品やサービスを提供することで、顧客や利用者に対して、「卓越性」（エクセレンス）を発揮しなければならない。NPOが供給不足を理由にして、利用者が満足できないようなサービスを提供することは許されない。そのようなことが続けば、NPO自体の存続はむずかしい。

グローバルな競争環境のなかで卓越性を発揮することは、企業にとって、組織の命運に直結するため、経営力を磨いてきた。これに対して、NPOでは、行政の許可制度にもとづいたある種の保護もあって、多くの場合、卓越性をもとうとして、経営を磨いてきたとはいえない。しかしながら、NPOの自主性と責任が強く要請される現在では、NPO自身が経営力を磨き、卓越したサービスを提供することで、社会に貢献することが求められている。

② ミッションの重要性

卓越性の発揮については、よくいわれているように、価格優位と差別化優位が基準となる。企業にとっては、他社より値段が安いという「価格優位」が重要であるが、NPOにおいては、一般的に、価格は同じレベルであっても、他の組織より提供するサービスの質がいいという「差別化優位」が求められる。

NPOでは、組織独自の信念をミッションとして表明しているから、他の組織とは異なった内容で利用者のニーズに対応し、さらに、すでに述べたように、ミッションが利用者のニーズと一体化されて提供されなければならない。そうすることで卓越性が具体化され、その成果としてミッションが実現される。

人材活用においても、ミッションがスタッフやボランティアの共感を呼び、がんばって仕事をしたくなるという「貢献意欲」を支えることが重要である。また、同じミッションを共有することで、仲間としてメンバーの間に「信頼と連帯」が生まれ、担当する組織内の仕事が異なっても、ミッションが最高の価値として共有されると、メンバー間の協働が可能になる。

このように、ミッションとは組織の信念であり、それは成果目標であるだけではなく、事業展開や人材活用、リーダーシップにおける一貫した基本軸として、具体的な活動に活かされなければならない。NPOの経営とは、まさに「ミッション・ベイスト・マネジメント」（高まいな使命にもとづく経営）なのである。

第3節　NPOで働くよろこびとキャリア戦略

(1) NPOで働くよろこび

① 働く満足につながる誘因

どんな組織であれ、組織のなかの個人が組織目的に向って貢献するには、貢献に対して動機づける「誘因」（インセンティブ）が不可欠である。それによると、「目に見

NOTE

える誘因」と「目には見えにくい誘因」があり、前者は経済的な報酬や作業条件などがあり、後者には、威信の発揮や支配力、人間関係、全体への参加実感、成長、理想への奉仕などがある。

　企業における誘因の提供は、現在では成果主義などという言葉に示されるように、成果や業績に対する報酬の大きさにかたむいている。そこでは、かつての日本的経営のメリットとされた「共同生活性」（社員間の強いつながりや一体感）はうすれており、それにかわって、「合理・効率」という経済原則が支配している。その結果として、働く人びとの人生に、「居場所」的な機能を提供していた共同生活性という特徴が失われてきている。

　それに対して、NPOで働くと、この失われてしまった「目には見えにくい誘因」を得ることができる。そこでは、理想とするものへの貢献意識、それを共有する仲間との人格的な連帯が期待できる。

　日本では、NPOで働くことは、能力ある人間でも、企業で働くよりも報酬は低いが、企業では得られない人生の豊かさを感じられる機会となる。もっとも、NPOでも報酬の改善が望まれているし、その努力も行われている。

　② 組織と個人の同時的発展

　組織には、構成メンバーの願いや希望をこえて、それ自体が独り歩きしてしまうという恐れがある。そこでは、組織目的の達成のほうが優先され、個人への配慮が軽んじられる。つまり、組織の合理性や効率性を優先するために、人間存在としての個人が軽視されてしまうのである。

　個人にとって組織生活における充実は、人生における充実に直結している。なぜならば、個々人は、人生のゴールデン・タイムを組織で働いているからである。したがって、組織の生活では、単に能力を提供し、その見返りに報酬を得るだけのものではなく、自分の人生の充実に手応えを感じつつ、組織の発展に貢献できることが重要である。

　このような視点からいえば、NPOで働くことは、かりにそのミッションに共感できるのであれば、自分の信念と組織の信念が重なりあって、自分の人生に対する思いや信念が、組織目的に貢献することにより実現できることになる。したがって、NPOで働くことは、「自己実現」を可能にする機会となり、これによって、「組織と個人」の両者が、同時に発展することが期待される。

(2) NPOで働くための戦略

① 人生の「タテ軸とヨコ軸」

個人が真の豊かさを獲得するには、その人自身の主体的な信念が不可欠である。これを「人生のタテ軸」と呼ぶことにしよう。そして、現実の職場を含む生活領域のなかで、タテ軸に基盤をおいた歩み──「人生のヨコ軸」と呼ぶ──を充実させることが、真の豊かさにつながることになる。

NPOとは、まさにこのような存在である。タテ軸は組織のミッションであり、ヨコ軸は同じミッションに共感する仲間と出会い、協働し、組織目的、つまりミッション実現のために働くことである。

したがって、NPOで働こうとする場合の優先順位トップの判断基準は、組織の信念としてのミッションに共感し、その実現のために働く意欲があるかどうかである。それがなければ、「組織と個人」の同時的な発展は期待できないし、生きがいを感じるような貢献活動を行うこともできない。

② 相性と寛容の重要性

NPOも、人間で成り立つ組織であるから、そこには「相性や寛容」の問題が浮上する。だれでも人間には必ず長所と欠点がある。したがって、トラブルやコンフリクト（対立）は避けられない。NPOで働く人びとは、信念というタテ軸をもって行動しているが、それは、ときとして強い自己主張となり、人間関係のなかでコンフリクトを招くことがある。

そこで、実際の現場では、相性と呼ばれるような理屈をこえた人間の「親和性」が不可欠である。NPOで働く場合には、仲間とうまくやっていけるかどうかの見定めも大切になる。そして、各人が寛容の気持をもちながら、謙虚になることが必要であろう。

③ 自立と成長

NPOで働く際の不可欠な条件として、ミッションへの共感をあげた。そして、そこに参加し働く場合には、信念のほかに、さらにプロフェショナルとしての機能が求められる。

なぜならば、NPOは卓越した成果をあげなければならないからであり、甘えは許されない。働く人びとは、ミッションへの共感を確かめ、信念を深めるだけではなく、自立したプロフェショナルとしての働きが必要である。このような働きを通して得られた自己成長は、組織に対する貢献力を拡大させ、自分の動機そのものに対する

NOTE

満足につながっていく。

そして、この個人の成長が、そのまま組織の成長につながり、「組織と個人」の同時的な発展がここでも期待されている。これにより、NPOは他の組織から高く評価される働きをするようになる。

第4節　まとめ

人間にとって真の豊かさとは、目に見えるものをこえている。第二次世界大戦後の日本社会はあまりにも経済が偏重され、本当に大切なものを見失っているかにみえる。そのような現状のなかで、NPOは広く働く人びとに対して、経済的な豊かさをこえた「かけがえのない豊かさ」を提供してくれる可能性をもっている。

NPOの命は、独自にかかげる高まいなミッションである。それに共感し、同じミッションを共有する仲間との協働は、信念をもって現実の社会と生活を考える個人にとって、このうえない魅力ある働き場所である。

NPOで働くことによって、個人は自分の人生の真の豊かさを獲得し、そこで働くことを通して、組織が発展し、社会がよくなっていくという手応えをもち、自己実現を得ることができるであろう。

一度しかない人生において、NPOで働き・生きることは有力な選択肢であろう。

《One Point Column》

もうひとつの仕事づくり

働き方が多様化するなかで、いま、主に行っている仕事に専念しながら、もうひとつの活動に従事する人びとが出現しています。かれらは仕事をしながらボランティア活動などを同時に行って、人的交流の幅を広げたり、経験を深めて、自己成長しながら社会貢献を行っています。

(1) 本章の内容を要約してみよう。

(2) 本章を読んだ感想を書いてみよう。

(3) 説明してみよう。

① 「NPO」とは、なんでしょうか。

② 「ミッション・ベイスト・マネジメント」とは、なんでしょうか。

③ 「目に見えにくい誘因」とは、なんでしょうか。

(4) 考えてみよう。NPOにとって、なぜミッションが一番重要なのでしょうか、その理由について考えてみよう。

(5) 調べてみよう。わが国の代表的なNPOを取りあげて、そのミッションを確認し、納得できる経営がなされているかどうか、自分が働きたいと思うかどうか、調べてみよう。

経営学のススメ⑪

「就職率94.4%」のからくり

　「本学の就職率は94.4%だ」。
　こんな説明を受けたら、あなたはどんな印象をもつであろうか。多くの学生は「大学に入学した100人のうち4年後に就職する者は94人である」、「すばらしい、これで安心だ」と思うかもしれない。しかし、このデータは以下のように分析できると思っている。
　ここでいう「就職率」とは、「卒業者のなかで就職を希望した者」のうち「就職した者」の比率である。厚生労働省の就職状況調査（平成26年5月）によれば、同年春の大学卒業者約56万3,000人のうち、就職希望者は約40万6,000人（就職希望率71.5%）である。そのなかで就職できた者は、約38万3,000人であるので、就職率は約94.4%であった、という。
　つまり、ここで厚労省がいう「就職率94.4%」とは、あくまでも「卒業者のなかで就職を希望した者を分母にした就職者の比率」である。したがって、「就職した者」（分子）が多いか、「就職を希望した者」（分母）が少ないほど、就職率は上がる、という計算である。しかも、そこに中途退学率や卒業率、さらに非正規雇用率などを考慮すると、状況は決して楽観できない。いま少し、ていねいに数字の「からくり」をみておきたい。
　大学入学者のうち中途退学する者の比率は、一般に10%前後であるから（旺文社調査）、かりに100人が入学しても、4年時には約90人程度になっている。また、4年生のうち卒業できた者の比率（卒業率）は、東京外国語大学や国際教養大学などでは約50%であるが、一般には80%前後である（旺文社調査）。したがって、4年生の在籍者が約90人であれば、卒業できた者は72人程度となる。
　そして、72人のうち就職を希望した者は、就職希望率を71.5%とすれば、51人であり、さらに就職できた者は、就職率を94.4%としても約48人でしかない。この数字によれば、「100人入学しても、4年後の春に卒業して就職した学生は、約半分しかいない」のである。「入学した者のうち、2人に1人しか卒業・就職していない」となれば、状況のきびしさがわかるであろう。
　しかも、この「就職者数」には、長期アルバイト・派遣社員・契約社員・嘱託社員などの非正規雇用をも含めているから、かりに正規雇用のみに限定すれば、さらに少ない数字になる。総務省調査によれば、はじめて就職した人たちの就職時の非正規雇用者比率は39.8%であるから（2007～2012年）、その比率で推計すると、先にみた就職

できた者約 48 人のうち非正規雇用は約 19 人であり、正規雇用として就職した者は約 29 人程度になる。

　ということは、「大学に 100 人が入学したとしても、4 年後の春に無事に卒業して正規雇用で就職できた者は、約 29 人つまり入学者数の約 3 分の 1 程度」ということになろう。

　このような状況の結果として、パートやアルバイトで働くフリーターや、若年無業者・ニート（15〜34 歳で就学就労も職業訓練もしない者）が社会全体に増加している。先にみた厚労省調査によれば、大学卒業者約 56 万 3,000 人のうち就職希望率は 71.5％であったが、残りの 28.5％は「就職を希望しない者」となる。

　そのうち約 10％（約 5 万数千人）は大学院などへの進学者ではあるが、残りの約 20％（約 11 万数千人）は、進学も就職もしない進路未定の新卒者である。その結果、社会全体の若年無業者・ニートの総数は、いまや約 60 万人にも達し、またフリーターについては、総数約 176 万人になっている（総務省「労働力調査」）。これが、現代の日本の大学生の眼前に広がる現実である。

　たしかに、2014 年春の「大卒就職率 94.4％」（厚労省調査）は、近年の景気回復基調のなかで上昇した歓迎すべき数字ではあるが、学生の就学・就職・進路をめぐる全体状況を詳細に分析してみると、上記のように、決して安心はできないし、かならずしもすばらしいものでもないであろう。

　だれもが、卒業したらなんらかの安定した職場に就職でき、将来に希望のもてるような社会をつくることは、政治や社会の責任であるが、同時に、皆さんがこのようなきびしい現実を直視して、真剣に向きあってほしい。

　そのためには、自分で自分を育てようとすることが大切である。「生きるために学び、学ぶために生きよ」、これが本書のメッセージである。

（設問 1）　大学生の就職率の推移を、過去にさかのぼり調べてみよう。
（設問 2）　有効求人倍率（求職者数／求人者数）や失業率（失業者数／就業者数）の最近の動向を調べてみよう。

（渡辺　峻）

経営学のススメ⑫　補論

人生やキャリアの転機——Oさんのケース——

　以下は、人材コンサルタントである田中和彦の書いた「はたらく気持ち」(『朝日新聞』2015年5月9日)である。この記事を読んで、以下の設問に答え、仲間やクラスの友人と議論してみてください。

手をつけなかった100万円

　Oさん(32歳、女性)は、女性誌や経済誌に署名記事を書くフリーライター。憧れてなった職業ではあったが、彼女の社会人1年目は、不動産物件の間取り図をひたすら描き続ける毎日だったという。

　父はフランス料理のシェフで、母は看護師。大学進学に際して、両親は「手に職」系の進路を勧めた。それに逆らって経済学部を選んだのは、就職先が限定されず、自分の可能性を広く保てると考えたからだ。

　京都の私大では学生新聞部に所属した。当初、部数は1千部。これでは影響力がないと、部長就任後に学生課に直談判。新入生への配布資料の中に封入してもらい、人気サークルを紹介するなどして注目を集めて、2万部まで増やした。

　就職活動ではテレビ局などマスコミを志望したが内定には至らず、地元の名古屋で不動産情報誌を出す出版社に就職した。

　ほとんどの社員は、親会社である不動産会社からの出向者。編集経験のない人ばかりで、新人ながらOさんは現場の業務をほぼ一任された。とはいえ仕事は、親会社から来る間取り図を掲載用に描き直し、印刷会社に送ることばかり。半年もすると疑問を感じ始めた。このまま続けても、他で通用する人材になれるだろうかと。

　そこで、2年目を迎える前に転職活動を開始。東京にある編集プロダクションで面接を受けたところ、とんとん拍子で採用が決まった。

　一人娘ゆえ、両親は東京行きに反対したが、意志を貫いた。「食えなくても知らんぞ」といっていた父が、東京までの夜行バスの発着所で「いざというときに使え」と通帳と印鑑を渡してくれた。100万円あった。

　その編集プロダクションは歩合制だった。一人暮らしなので、生活費を稼ぐのに必死。ファッション中心の女性誌から男性向けビジネス誌まで、記事を書きまくった。初めて自分の名が雑誌に載った時のうれしさは、今でも忘れられない。

　社長の取材や投資関連などのビジネス系記事も増え、やっと親に「経済学部に行かせ

た意味があった」と言ってもらえた。

　書く力もつき、周囲から認められて独立したのが４年前。ゴーストライターを務めた本は、15万部を超えるヒットになった。単行本の執筆依頼もかかえるなど、仕事は順調だ。

　どうしたらうまくなるか悩んだ時期もあったが、結局は書く量が質を高めることに気づいた。目下の悩みは自分が何でも屋であること。「専門分野を持ち、それを深めたい」と願う。

　あの通帳には手をつけていない。「両親にもらったお守り」だと、思っているからだ。

（設問１）　Ｏさんの生き方をどのように思いますか。Ｏさんのキャリアはほぼ10年ぐらいですが、それでも、これまでに転機というようなものがいくつかあったように思われます。それをあげるとともに、とくに重要と思われるものはなにか、その理由もあわせて考えてみてください。

（設問２）　Ｏさんはキャリアステージ（第８章参照のこと）でいうと、初期キャリアをほぼ終り、つぎの中期キャリアに入っていこうとしています。Ｏさんのキャリア・アンカーはどのようなものであり、そしてこれからの10〜15年間のＯさんの人生とキャリアは、どのようなものになるでしょうか。

（齊藤　毅憲）

グロッサリー
（用語解説）

第1章

企業社会

　企業が中心になって動く社会のこと。つまり、個々の人間の暮らしの営みを基軸として動くのではなくて、企業の経済活動が中心になって動いて、広く政治的・文化的な影響を及ぼしている社会のことである。日本社会は、その典型であり、「経済大国」の「エコノミックアニマル」などと揶揄（やゆ）される。これについては、第11章の本文も学習されたい。

労働力市場の流動化

　経済活動のグローバル化にともなう産業構造の変化や、個別企業の事業再構築（リストラ）などが引き起こされると、企業組織内においては、人材の質的・量的な組み合わせを再編成せざるを得ない。いわば「要（い）る人・要（い）らない人」が選別され、従業員をつねに定年まで固定的に雇用することが困難になる。その結果として、社会全体において転職・退職・移動などの人材流動化が進展した。このような状況のことを「労働力市場の流動化」と呼んでいる。

自律型人材

　自分の人生の目標・目的や、それを達成する手段・方法を、自分の欲求動機にもとづいて自律的に意思決定することができ、職場においては自己統制により職務遂行ができ、またみずからの力で衣食住の暮らしのできる人間のことである。「自律人」、「自治自立人」、「自己実現人」などとも呼ばれる。現代の企業組織が求めている人材でもある。

ニート

　就職するでもなく、勉学するでもない、なにもしない無業状態の若者たちのこと。イギリスにて、Not in Education, Employment or Training の若者とされ、略して NEET と呼ばれている。近年の日本においても、失業者や非正規雇用の増加、社会的不安の増加、格差構造の拡大のなかで、ニートと呼ばれる若者たちが増えている。

労働移動の時代

　ひとたび就職したら定年まで同一職場に長期に勤務するのではなくて、職場の事情や自分の都合により短期に職場を変わることを労働移動というが、そのような社会現象が広く日常的に行われるようになったことを意味している。

第2章

会社人間

　家庭生活や社会生活を顧みずに、企業組織と一体化して仕事（職業生活）中心の職業人生を送る人間の総称である。「社畜」、「ワークホリック（仕事中毒）」、「仕事人間」などとも呼ばれる。ただし、近年の働き方の見直しやワークライフバランス施策の普及などに伴い、減少しつつある。

4Lの充実

　企業組織においては、これまでは個々人の職業生活（仕事）における動機づけが中心であったが、近年では、さらに家庭生活・社会生活・自分生活についても配慮するようになった。つまり個々人の職業生活・家庭生活・社会生活・自分生活という「4つの生活（LIFE）」における充実（自己実現）が動機づけ要因になっている。

社会化した自己実現人

　自分の能力や資質を最大限に発揮して自己成長させたいという欲求を自己実現欲求といい、そのような欲求に動機づけられて行動する人間のことを自己実現人と呼んでいる。従来は、動機づけの際には職業生活における自己実現を重視してきた。しかし近年では、個人の側の自己

実現欲求の舞台が広がり、職業生活のみならず家庭生活・社会生活・自分生活に及んでおり、「4つの生活（4L）の充実」に動機づけられ行動する人間モデルが登場してきた。このような「4L」における自己実現に動機づけられる人間のことを「社会化した自己実現人」と呼んでいる。

社会化した人材マネジメント

従業員を職業生活の自己実現のみで動機づけるのではなくて、さらに家庭生活・社会生活・自分生活という「4L」の充実で動機づけようとする人材マネジメントのことである。つまり「社会化した自己実現人」モデルの人間を前提にした人材マネジメントの総称であり、ワークライフバランスの施策などは、その典型例である。

おみこし型経営

「おみこし」は神社の祭りに登場するが、同じ法被（はっぴ）を着た、同じ背丈の人間が「ワッショイ、ワッショイ」と同じ掛け声をかけながら担いで、市街を練り歩く祭事である。それが日本型経営の特徴を示している、とのことで比喩的に表現されている。つまり、日本型経営の特徴は、画一的な横並び主義であり、集団主義的に運営し、責任や権限の所在もあいまいである、と指摘されている。

社会的公器

企業が大規模化し、そこでの分業・協業が社会的な広がりをもって展開されるようになると、企業は公的な機関としての性格をもつようになる。そのために企業は、つねに社会的な影響を考慮し、社会的な機関であるという自覚の活動が求められている。企業のもつ、そのような側面のことを、社会的公器と呼んでいる。ここを根拠にして「企業の社会的責任論（CSR）」が生まれる。

第3章

雇用ポートフォリオ

ポートフォリオとは、もともと投資家が、リスクを避けるために、資金を、どのような分野に、いつ、どれだけ、分散的に投資するか、についての組み合わせ図のことである。それになぞらえて、人材マネジメントの分野においても、どのような人材を、どれだけの人数、どの分野に、いつ投入するか、という組み合わせが追求され、できるだけ費用がかからず、ムダを省き、リスクを避ける方法が考案される。近年における不安定雇用・非正規雇用の増加の一因でもある。

キャリアプランニング能力

長期雇用の慣行が崩れて労働移動の時代になったので、個々人は、どのような仕事をしたいのか、どこで働くのか、どのような職業能力が必要なのか、そのような職業人生上の課題・問題については、すべて自分で解決しなければならない。キャリアプランニング能力とは、その種の問題の解決能力のことであり、個人が21世紀を生き残るには不可欠である。

自己管理能力

集団主義的な社会から、ゆるやかな個人主義的な社会に移行しつつあり、個々人はあらゆる生活の舞台において、自分で判断し行動し解決する自己管理能力が不可欠になっている。たとえば企業組織においては、在宅勤務や裁量労働制などが普及しつつあり、それらはすべて自己管理能力が不可欠の前提である。

キャリア・アンカー

アンカーとは船が波に流されないようにするための碇（いかり）のことであるが、同じように、人間もまた職業人生の行路をすすむ際には大波に流されず目標に向えるようにしっかりした人生観・価値観・職業観が不可欠である。このような職業人生をおくる際に自己の行動を内面で規制する基準・規範のことである。第8章の本文も学習されたい。

労使関係の個別化

これまでの画一的な集団主義的人材マネジメントがゆきづまり、柔軟で個人主義的な人材マネジメントが広く登場してきたので、従業員の処遇も個人別になり、たとえば個々人によって金額の異なる年俸制による給与支払いも珍しくない。したがって、労働者と使用者との折衝・

交渉・紛争は個別化し、全体としての労使関係のあり方が個別化してきた。

第4章

経済のグローバル化

多国籍企業・多国籍銀行の出現により、資金調達・投資活動・生産活動・販売活動などのすべての経済活動が一国内にとどまらず、広く国境をのり越えて展開されるようになったこと。経済活動の国際的な相互依存の関係が地球的規模で構築され、各国が相互に協調しつつ競争するので、リスクの波及範囲が大きく拡大しており、国家間の利害の調整がきわめて重要になっている。

情報ネットワーク化

各オフィスのコンピューターを地球的規模のオンライン・ネットワークで相互に結びつけ、その結果として企業経営で必要とされる情報の送信・交換・処理が、きわめてスピーディーにリアルタイムに行われようになったこと。その結果、組織内の情報の共有化もすすみ、中間管理職の役割も変わり、組織構造もピラミッド型からフラット型に変わりつつある。そして、従業員の在宅勤務やテレワークなどが可能になり、サテライトオフィスを設ける企業は珍しくない。

フラット型組織

フラットとは、「平べったい」という意味だが、組織がコンピューターネットワークに媒介されて、情報の共有化が進展すると、組織のなかの中間管理職の役割も大きく変わり、組織全体も従来のように垂直的ピラミッド構造でなくても機能するようになる。そのようなIT化のもとでの組織構造を特徴づけた表現であり、「なべぶた型組織」や「文鎮（ぶんちん）型組織」ともいう。「中間管理職不要論」の生まれる根拠でもある。これについては、第5章末の「経営学のすすめ」も学習されたい。

新自由主義

政府が経済活動に介入・規制するのを批判し、市場の自由な競争原理によって経済の効率化を推進するネオ・リベラリズムの思想のこと。具体的には、小さな政府というスローガンのもとで、交通・通信・教育・福祉にいたる公共部門の民営化や、市民の権利よりも資本のための規制緩和・自由化の推進などである。他方において、社会保障の低下、不安定雇用の増加、社会的格差の拡大など弱肉強食の競争原理が「自由と自己責任」の名の下に広く社会に展開されている。

ソリューション・ビジネス

顧客企業の抱える経営課題・問題に対する解決策の提案・提供をビジネスチャンスにした問題解決型の事業のことである。これまでのように、コンピューターなどハードウェアを中核とした情報システムの導入だけでは、業務の複雑化の進展にともなう新しい経営課題・問題点が解決できない。そこで、顧客企業の問題点や課題を分析し、その具体的な解決策を提案・提供するサービスがビジネスとして成立した。

第5章

年功主義

従業員の処遇の仕方のひとつとして、組織に対する永年の功労に報いるため勤務期間の長さや年齢を処遇の評価基準にする属人的な考え方である。そこには暗黙の前提に、従業員は勤務の長期化とともに貢献度も高く、職務遂行に必要な能力は進歩し、また従業員の生計費は増加する、という考え方があった。しかし、労働移動の時代になり、従業員が短期間のうちに他に移動・転職するなど、少数の人びとを除いて、必ずしも定年まで長期に勤務しない（雇用しない）ようになり、もはや年功主義を維持する条件がなくなってきた。

能力主義

従業員の処遇の仕方のひとつとして、職務遂行に必要な能力の有無・発揮を評価基準にして処遇する考え方である。それぞれの職務に必要とされる能力の内容・レベル・範囲を明確にしておき、それに照らして個々人の能力の有無・発揮が判定され処遇される。多くの場合、それ

それの能力レベルの高さに応じた「資格」が準備・付与されており、そのランキングの昇格によって、役職の昇進が決められる。ここでは基本的に年齢・学歴・性別・民族などの属人的要素は排除されている。

複線型雇用管理

画一的で集団主義的な組織運営の時代には、単一の雇用管理の制度による対応で済んだが、柔軟な個人主義的な組織運営に移行し、個々人の多様性・自律性・社会性を考慮・重視せざるを得ないようになると、もはや単一の雇用管理制度による対応に無理が生じるようになった。かくして、多種多様な個人の欲求に多種多様に対応するため同一組織内に複数の雇用管理制度を設けて対応するようになった。個人の側からみれば選択肢が増えたことを意味している。コース別雇用管理などは、その典型である。

間接雇用

ふつう特定の企業に就職し働く場合には、その企業との雇用契約にもとづき勤務し、賃金を受給する直接雇用である。しかし、近年では同じ企業内に直接雇用ではない「派遣」社員も混在するようになっている。それらの人びとは、同一企業の同一場所で同一上司の指揮・管理のもとで仕事をしても、派遣元企業に雇用された人であり、派遣先企業の雇用者ではない。このような人びとの雇用を「間接雇用」と呼んでいる。

企業別労働組合

1企業1組合（ワンカンパニー・ワンユニオン）という形をとる労働組合組織のことで、日本にはこの形の組合が多い。「企業別」であるため、しばしば企業組織との一体化が強調され、労使協調路線になる。なお、個別の企業の枠を乗り越えて組織される労働組合としては、産業別労働組合や職種別労働組合がある。

第6章

キャリアデザイン

自分は、どのような分野で、どのような仕事をし、いつまで働くのか、いかに職業人生を全うするのか、などのことを計画・設計すること。つまり自分の職業人生の設計図のことである。永らく長期雇用の慣行が根強い時代には、キャリアデザインは企業まかせにすることが多くて、個人の問題になりにくかったが、近年の「労働移動の時代」になり、自己責任でキャリアデザインする必要性が出てきた。

間接差別

「男だから」「女だから」という理由で生じる差別は、直接差別である。それに対して、ある条件を付けることにより、しかもその条件を付けることに合理的な根拠がない場合に、結果として特定の性が不利益を生じるような差別のことを間接差別という。たとえば、人を採用する場合に、自然人類学的にみて女性の平均身長が低いという現状のなかでは、合理的根拠もなく身長170センチ以上の人に限るという採用条件をつければ、圧倒的多数の女性は採用されずに不利益を被ることになる。この場合、女性だから差別したのではないにせよ、結果として女性が排除（差別）される扱いになるので間接差別になる。

第7章

知識集約型社会

20世紀は機械や設備に多額の資本を投じて、大工場をつくって製品を生産する工業化社会であり、多額の資本を投ずるという意味では資本集約型の社会であった。それ以前はいうまでもないが、人間の肉体の力（肉体労働）を発揮する労働集約型の社会であった。これらに対して、21世紀は人間のもっている情報、知識や技能が中核的な資源となる社会であり、これを「知識集約型社会」という。工場の現場も大切であるが、オフィス、研究所、ラボなど、ナレッジワーカーによる頭脳労働から生みだされるもののほうが重視されている。

チームで働く力

「社会人基礎力」のひとつであり、チームワークの意味である。つまりチームワークを行う場合に必要な技能（スキル）であり、これに

グロッサリー（用語解説）

は自分の意見をわかりやすく伝える力（発信力）、相手の意見を聴く力（傾聴力）、意見の違いや立場の違いを理解する力（柔軟性）、自分の周囲の人びとやものごととの関係性を理解する力（情況把握力）、社会のルールや約束を守る力（規律性）、ストレスに対応できる力（ストレスコントロール力）の6つがあるという。6つはそれぞれ大切であるが、柔軟性や情況把握力も重視されている。

エンプロイヤビリティ

雇用されうるに足るだけの能力をもっていることの意味である。具体的には転職（労働移動）を可能にする能力や当該企業でこれからも雇ってもらうことを可能にする能力を保有していることである。つまり、それは転職や継続雇用を可能にしたり、保証する能力のことであり、かんたんにいうと、どこでも雇用されて仕事ができる力をさしている。

コミュニケーション能力

相互に意思疎通できる能力のことで、おもに傾聴力と発信力（表現力）から構成される。社会で生き、仕事を行っていく際のコミュニケーションの重要性はきわめて大きい。厚生労働省のいう若年者就職基礎力においても「基礎学力」、「責任感」、「積極性・外向性」とともに「コミュニケーション能力」が重視されている。

第8章

生き、働くことの2面性

人が生き、そして働くことは、「自分のため」に行われるだけでなく、「他者、企業や社会のため」にも行われている。これが2面性の意味である。「働く」という漢字は「人」のために「動く」で構成されており、他者（ヒト）をラクにするものとも考えられてきた。

キャリアステージ

人が仕事を行い、働きはじめてから、その後働きつづけて退職するまでの職業生涯、つまりキャリアの主な節目（ステージ、局面）をさしている。本文では初期、中期、後期の3つの節目をあげているが、ほかにも諸説がある。かつて高等教育機関が発達していなかった時代には、10代から働きだし、50代でキャリアを終えるのが一般的であったが、現在では20代からキャリアをスタートさせ、70歳前後まで働いている。したがって、キャリアステージに関する考え方も変化している。

機会と危険

企業の経営戦略や個人のキャリア戦略をつくる場合に、環境分析が大切であり、企業や個人にとってどのようなことが機会や危険になるかを検討することが求められる。もっとも、機会があると思っても、チャンスを生かす時間が遅くなると、せっかくのチャンスも生かせないことになる。危険にはリスクをもたらすおそれがあるので、慎重のなかにもスピーディな対応が求められる。むしろピンチをチャンスに変えられるようにしなければならない。

長所と短所

長所は企業や個人の強みであり、短所は企業や個人にとっての弱みとなるものであり、経営戦略やキャリア戦略を作成する場合に検討しなければならない。自社や自分の長所と短所を認識することは容易でないこともある。その場合、同業他社や親しい友人などと比較してみることが役立つかもしれない。そして長所は伸ばし、短所はできるだけ減らすことが求められるが、短所を減らすことは少し大変であるかもしれない。それと、短所がどんなときにでも短所になるのか、場合によっては短所もいかせないのか、を考えてみるという視点をもつことが大切である。

第9章

起業

創業と同じ意味のものであり、創業とおきかえてもよい。起業時をスタート・アップ（期）ともいう。既存の中小企業にとっても、起業家精神の発揮による新規事業の開拓・進出などが必要との観点から、「第2の創業、第3の創業」などの言葉も使われてきた。

グロッサリー（用語解説）

シリコンバレー
　アメリカのカリフォルニア州のスタンフォード大学の近くにあるシリコンバレーは先端技術系のベンチャー企業（アメリカでは「ニュー・ベンチャー」という）の集積している地域（クラスターという）として、世界的に有名である。そのはじまりは1939年1月にヒューレット・パッカード（Hewlett-Packard Company）の創業であるといわれている。

大学発ベンチャー
　大学の教員や学生などによって起業されたベンチャー企業のことであり、技術系、理科系、医学系を中心に大学のもっている知的財産（知財）をいかした大学発ベンチャーが誕生している。ビジネス系の大学（経営学部、商学部、総合政策学部など）では起業は少なく、その推進や支援が求められている。

事業計画書（ビジネスプラン）の必修化
　大学発ベンチャーをふやすだけでなく、起業家精神をもつ学生を育てるためには、ビジネス系の大学では事業計画書を作成させる科目を開講し、それを必修化することが必要である。是非とも事業計画書の作成にチャレンジしてほしい。なお、就職試験の際に事業計画書の提出を求めている企業もあらわれている。

ベンチャーキャピタル（VC）
　一般の金融機関で行っているが、起業やベンチャー企業専用に投資業務を行っているのがベンチャーキャピタルである。

第10章

サードセクターとハイブリッド型
　政府や自治体などの公共セクターと私企業の営利セクターの2つが既存の主要セクターであり、これに対してNPO、NGO、市民団体、その他の非営利団体がサードセクター（第3セクター）といわれている。現在の社会ではこのサードセクターが大きな役割を果たしている。ハイブリッドとは"hybrid"で、雑種とか、混成の意味で、動詞は交配するという。本文であるように、営利と非営利、第1と第2のセクターの融合、交配によって新たにつくられるものをさしている。

ムハンマド・ユヌス
　ユヌスは、社会起業家の代表者のひとりであり、ノーベル平和賞の受賞者である。バングラディッシュにグラミン銀行を設立したことで知られているが、貧しい人びとに無担保小口融資（マイクロクレジット）を展開し、かれらの経済的自立を支援した。

社会的革新（ソーシャル・イノベーション）
　発生している社会的課題のなかにビジネスのシーズ（種）を発見し、それに関連する新しい製品やサービスを創造したり、あるいは新たな社会システムを開発することで、社会的課題を解決していくことをさしている。一般の企業も社会的革新に貢献しているが、社会的起業家には行政も企業も処理しづらい問題の解決が期待されている。

インパクト・インベストメント
　インパクトは影響とか、効果があることであり、後者のインベストメントは投資や出資を意味する。投資や出資を行う際に収益の多さだけでなく、どのくらい社会的課題の解決に役立つかなど、社会や環境への貢献度を評価し、投資・出資を決定するという動きが高まってきている。これがインパクト・インベストメントである。

第11章

適正な社会モデル
　本来、社会は経済、政治のほか、社会や人間のあり方・価値観を問う文化、人間同士の絆（きずな）を深める共同の4つがほぼ同じ大きさで機能しなければならず、バランスをとることが期待されているにもかかわらず、第二次世界大戦後の日本の社会は経済に軸足を置くものとなり、合理と効率中心の経済偏重になってしまった。経済は重要であるが、政治、文化、共同などとのバランスをとることが21世紀のわが国にとっては大切である。

卓越性（エクセレンス）のある経営

一般に、組織は、企業であれ、行政であれ、そしてNPOであれ、エクセレントな、つまりすぐれた経営を実践しなければ存続・発展しない。そこで、それぞれの主体は顧客や利用者に対して卓越性のある製品やサービスを提供することが大切になる。

NPOのスタッフ

NPOで働く人びとは専属スタッフ（「スタッフ」ともいう）とボランティアからなっていることが多い。専属スタッフだけでは活動が遂行できないので、ミッションに共感するボランティアの援助・支援がどうしても必要とされるようになる。したがって、専属スタッフとボランティアの協働なくしてミッションの実現はむずかしくなる。

目に見える誘因

目に見えない誘因とは、組織の掲げる理想・ミッションなどであるが、それに対して目に見える誘因とは経済的な報酬や作業条件などである。働く個々人の側からすれば、賃金などの経済的な報酬は具体的なものであり、また作業条件は働くための要件や環境であり、目に見える。組織の側が、誘因を提供する際には、個々人（組織成員）の欲求に合致したものかどうかを熟慮し、貢献を引き出さなければならない。

さらに進んだ勉強をする人のための読書案内

青島祐子(2007)『新版 女性のキャリアデザイン』学文社
金井壽宏(2002)『働くひとのためのキャリア・デザイン』PHP新書
玄田有史(2004)『ジョブクリエイション』日本経済新聞社
宇田美江(2012)『女子学生のためのキャリア・デザイン』中央経済社
齊藤毅憲責任監修(2007)『キャリア開発論』文眞堂
齊藤毅憲ほか著(2002)『個を尊重するマネジメント』中央経済社
佐藤博樹・武石恵美子(2010)『職場のワーク・ライフ・バランス』日本経済新聞社
澤田幹・平澤克彦・守屋貴司編著(2009)『明日を生きる人的資源管理入門』ミネルヴァ書房
島田恒(2005)『NPOという生き方』PHP新書
島田恒(2015)『「働き盛り」のNPO──ドラッカーに学ぶ「真の豊かさ」』東洋経済新報社
渡辺峻編著(2012)『女子学生のためのキャリア・ガイダンス』中央経済社
渡辺峻・伊藤健市編著(2015)『学生のためのキャリアデザイン入門(第3版)』中央経済社
渡辺三枝子編著(2007)『新版 キャリアの心理学』ナカニシヤ出版

索引

数字・欧文略語

4Lの充実　20, 22, 23, 157
CSR　18, 130, 134
NPO　143, 146, 148
NPOのスタッフ　144, 163
VC　117, 162

あ

生き、働くことの2面性　100, 161
一般職コース　76
インパクト・インベストメント　134, 162
失われた20年　143
エンプロイヤビリティ　32, 91, 161
おみこし型経営　17, 158

か

会社人間　15, 51, 157
会社人間モデル　15
価値観　2
間接雇用　63, 160
間接差別　77, 160
機会と危険　102, 161
起業　114, 161
企業社会　1, 7, 157
企業の社会的責任　18, 130, 134
企業別労働組合　17, 34, 58, 160
キャリア・アンカー　30, 99, 101, 158
キャリアゴール　100
キャリアステージ　100, 161
キャリアデザイン　71, 78, 160
キャリアビジョン　99, 100
キャリアプランニング能力　29, 30, 158
勤務地域限定採用　75
クラウドファンディング　117, 134
グラミン銀行　130
経済のグローバル化　43, 159
軽薄短小　17
個人主義　16
コース別雇用管理　60
コース別採用　76
コミュニケーション能力　35, 88, 161
雇用ポートフォリオ　6, 31, 61, 72, 158
コンセプチュアルスキル　35

さ

在宅勤務　8
裁量労働制　8
サードセクター　128, 162
事業計画書　114, 162
自己管理能力　32, 158
四事モデル　104
社会化した個人　20
社会化した自己実現人　18, 20, 157
社会化した人材マネジメント　22, 158
社会人基礎力　89
社会的革新（ソーシャル・イノベーション）　129, 162
社会的企業　127
社会的公器　18, 158
若年者就職基礎力　88
重厚長大　17
終身雇用　58
集団主義　15
情報ネットワーク化　45, 159
情報ネットワーク型組織　18
職業観　2
職種別・部門別採用　73
職能資格制度の概要　60
シリコンバレー　118, 162
自律型人材　3, 48, 50, 51, 157
新自由主義　44, 159
人生観　2
ステイクホルダー　104
スモール・ビジネス　125
正規雇用　5
専門職コース　77
専門的な職業能力　31
創業　161
総合職コース　76
ソーシャル（社会的）スキル　36
ソリューション・ビジネス　46, 159

た

大学発ベンチャー　119, 162

第二新卒　72
卓越性（エクセレンス）　145, 163
他律型人材　48, 51
短所　102, 161
知識集約型社会　86, 160
チームで働く力　89, 160
長期雇用　17, 58
長期雇用慣行　5
長所　102, 161
直接雇用　62
通年採用　72
適正な社会モデル　142, 162
テクニカル（技術的）スキル　36
テレワーク　8
特定非営利活動法人　130

な

ナレッジワーカー　85, 86
ニート　5, 157
日本的経営　57
年功主義　58, 59, 159
年功序列　17
能力開発　6, 8, 29
能力主義　59, 159

は

ハイブリッド型　128, 162

バブル経済　18
ビジネスモデル　116
非正規雇用　5
ビッグイシュー日本　131
ファブレス　116
ファンドレイジング　133
フィジカルワーカー　86
複線型雇用管理　60, 160
フラット型組織　47, 159
ヘッドハンティング　19
ベンチャーキャピタル　117, 162

ま

ミッション　132, 146
ミッション・ベイスト・マネジメント　145
ムラ社会　16
村八分　16
目に見える誘因　146, 163

や

ユヌス, M.　130, 162

ら

利己主義　16
労使関係の個別化　34, 158
労働移動の時代　7, 8, 157
労働力市場の流動化　6, 18, 30, 157

編著者紹介 (五十音順)

齊藤 毅憲（さいとう たけのり）　第8章担当
横浜市立大学客員教授、名誉教授、商学博士
放送大学客員教授

渡辺 峻（わたなべ たかし）　第1、2、3、6章担当
立命館大学名誉教授、経営学博士

著者紹介 (五十音順)

伊藤 健市（いとう けんいち）　第4、7章担当
関西大学商学部教授、経営学博士

宇田 美江（うだ みえ）　第9章担当
青山学院女子短期大学現代教養学科准教授

木村 有里（きむら ゆり）　第10章担当
杏林大学総合政策学部准教授

島田 恒（しまだ ひさし）　第11章担当
神戸学院大学・関西学院大学講師、経営学博士

谷本 啓（たにもと あきら）　第5章担当
同志社大学商学部准教授

新しい経営学 ①
個人の自立と成長のための経営学入門
——キャリア戦略を考える——

2016年 4月25日　第1版第1刷発行	検印省略
2017年10月 5日　第1版第2刷発行	

編著者　齊藤　毅憲
　　　　渡辺　　峻
発行者　前野　　隆
発行所　株式会社 文眞堂
　　　　東京都新宿区早稲田鶴巻町533
　　　　電話　03(3202)8480
　　　　FAX　03(3203)2638
　　　　http://www.bunshin-do.co.jp/
　　　　〒162-0041　振替00120-2-96437

印刷・モリモト印刷／製本・イマヰ製本所
© 2016
定価はカバー裏に表示してあります
ISBN978-4-8309-4895-4 C3034